Japanese Cuisine

NCS 일식·복어 조리기능사 대비

일본요리입문

머리말

일본은 우리나라와 같이 사계절의 변화와 지역 특성 등의 영향으로 해산물, 농산물 등이 풍부하고 우리나라보다 짧지만 많은 역사의 흐름으로 일본 특유의 요리를 연구하고 개발시켰으며, 메이지시대(明治) 이후에는 축산식품 등을 개발해서 지금에 이르렀다.

일본요리는 계절의 특징을 살리는 것을 중요시하며 생선 및 어패류의 생식, 사시미, 초회 등은 물론 소재의 풍미, 색, 형태 등을 살린 조림, 구이, 튀김 등이 있다. 조미료는 된장, 간장, 설탕, 술, 식초, 소금을 주로 사용하며 일본요리의 기본 다시는 가쓰오부시와 다시마(곤부)로 만든다.

담백한 맛을 매우 중시해서 향신료를 진하게 쓰지 않으며, 눈으로 보는 요리라는 말을 할 만큼 외형의 아름다움을 중시하여 고도의 기술, 칼의 사용법, 특히 조각품은 가히 예술적이라고 할 수 있다. 조리인의 개성이나 기술에 대해 까다롭고, 담는 방법도 요리에 맞게 세심한 주의를 기울여 한층 더 요리를 돋보이게 하고 있다. 식기는 기본적으로 1인분씩 따로 쓰고 도자기, 칠기 등 변화가 많아 요리의 내용이나 계절에 따라 조화를 이루어 요리상의 공간적 아름다움을 살리고 있다.

일본은 우리나라와 가장 근접한 나라지만 비슷하면서도 사뭇 다른 느낌으로 알려져 있다. 우리도 일본은 "가깝고도 먼 나라"라는 인식을 지우기 어렵다. 외국인에게 동양요리는 대부분 일본음식, 스시로 통하고 있기 때문에 한식의 세계화에 꼭 필요한 열쇠가 일본음식의 특징을 제대로 알고 익히는 것이라는 생각이 드는 것도 무리는 아니라고 생각한다.

여러 가지 이유로 일본음식과 조리방법, 기술 등을 익히고자 하는 조리관련학과 학생들이나 직장인, 주부, 현장에서 일하고 있는 조리사들에게도 일식조리 자격증의 취득은 중요한 관심사일 것이다. 또한 취업 후 자격증의 취득유무는 개개인의 역량평가에서도 현실적으로 중요하게 적용되고 있다. 일식은 일상생활에서 쉽게 접할 수 있을 정도로 많이 대중화되긴 했지만, 실제로 조리하고 음식을 맛보고 또 자격증을 취득하기까지 많은 어려움과 긴 시간을 동반하기 쉽다.

따라서 시행착오를 최소화 하고, 정확하고 체계적인 실습 작품을 만들어 자격증 취득에 한 발 더 다가서는데 도움이 되길 바라는 마음을 담아 이 책을 집필하게 되었다.

이 책을 통해 많은 분들이 일본음식을 좀 더 편하고 친근하게 느낄 수 있는 중요한 디딤돌이 되길 바라며, 올바른 조리법을 습득하여 많은 수험생들이 자격증 취득의 기쁨과 영광을 누리시길 바란다.

저자 일동

NCS란?

1. 개요

NCS(국가직무능력표준, National Competency Standards)란 산업현장에서 직무를 수행하기 위해 요구되는 지식·기술·소양 등의 내용을 국가가 산업부문별·수준별로 체계화한 것으로 산업현장의 직무를 성공적으로 수행하기 위해 필요한 능력(지식, 기술, 태도)을 국가적 차원에서 표준화한 것을 의미한다.

2. NCS의 지향점

· 각각 따로 운영됐던 교육·훈련을 NCS 중심 시스템으로 전환하여 일-교육 및 훈련-자격 연계성 강화

· 산업현장 직무 중심의 인적자원 개발

· 능력중심사회 구현을 위한 핵심인프라 구축

· 고용과 평생 직업능력개발 연계를 통한 국가경쟁력 향상

3. NCS 활용범위

기업체 (Corporation)	교육훈련기관 (Education and training)	자격시험기관 (Qualification)
· 현장 수요 기반의 인력채용 및 인사관리 기준 · 근로자 경력개발 · 직무기술서	· 직업교육 훈련과정 개발 · 교수계획 및 매체, 교재 개발 · 훈련기준 개발	· 자격종목의 신설통합폐지 · 출제기준 개발 및 개정 · 시험문항 및 평가방법

4. NCS 학습모듈

국가직무능력표준이 현장의 '직무 요구서'라면, NCS 학습모듈은 NCS의 능력단위를 교육훈련에서 학습할 수 있도록 구성한 '교수·학습 자료'이다. NCS 학습모듈은 구체적 직무를 학습할 수 있도록 이론 및 실습과 관련된 내용을 상세하게 제시하고 있다.

① 능력단위: 특정 직무에서 업무를 성공적으로 수행하기 위하여 요구되는 능력을 교육훈련 및 평가가 가능한 기능 단위로 개발한 것

② 능력단위요소: 해당 능력단위를 구성하는 중요한 범위 안에서 수행하는 기능을 도출한 것

③ 수행준거: 각 능력단위요소별로 능력의 성취여부를 판단하기 위해 개인들이 도달해야 하는 수행의 기준을 제시한 것

5. NCS 관련 정보

· 국가직무능력표준: www. ncs. go. kr

6. NCS 일식 · 복어조리

① 세분류: 13. 음식서비스 > 01. 식음료조리·서비스 > 01. 음식조리 > 04. 일식조리, 05. 복어조리

② 직무정의: 일식조리는 일본음식의 특성을 이해하고 다양한 식재료를 이용하여 재료 본연의 맛과 계절감을 살려 위생적이고, 정해진 조리법으로 조리하는 일이다. 복어조리는 식용 가능한 복어를 선별하여 안전하게 제독 처리하고 손질한 후 재료 본연의 맛과 계절감을 살려 위생적으로 조리하는 일이다.

③ NCS 능력단위

일식조리 능력단위	복어조리 능력단위
일식 초회조리	복어 부재료 손질
일식 무침조리	복어 양념장 준비
일식 국물조리	복어 껍질굳힘조리
일식 냄비조리	복어 껍질초회조리
일식 조림조리	복어 구이조리
일식 찜 조리	복어 튀김조리
일식 튀김조리	복어 찜조리
일식 구이조리	복어 죽조리
일식 면류조리	복어 술제조
일식 밥류조리	복어 선별 · 손질관리
일식 굳힘조리	복어 회 학모양조리
일식 기초조리 실무	복어 회 국화모양조리
일식 흰살생선 회조리	복어 샤브샤브 조리
일식 붉은살생선 회조리	복어 맑은탕조리
일식 패류(조개류) 회조리	복어 초밥조리
일식 롤 초밥조리	복어 구슬초밥조리
일식 모둠 초밥조리	
일식 알 초밥조리	

일식 · 복어조리기능사 자격이란?

자격명	일식조리기능사	복어조리기능사
영문명	Craftsman Cook, Japanese Food	Craftsman Cook, Blowfish
관련부처	식품의약품안전처	
시행기관	한국산업인력공단	

1. 개요

일식, 복어조리의 메뉴 계획에 따라 식재료를 선정, 구매, 검수, 보관 및 저장하며 맛과 영양을 고려하여 안전하고 위생적으로 조리 업무를 수행한다. 또한 조리기구와 시설을 위생적으로 관리, 유지하여 음식을 조리, 제공하는 전문인력을 양성하기 위하여 제정한 자격제도이다.

2. 수행직무

일식, 복어 메뉴 계획에 따라 식재료를 선정, 구매, 검수, 보관 및 저장하며 맛과 영양을 고려하여 안전하고 위생적으로 음식을 조리하고 조리기구와 시설관리를 수행하는 직무이다.

3. 실시기관 홈페이지

· **일식/복어 공통**: 한국산업인력공단 www. q-net. or. kr

4. 취득방법

		일식조리기능사	복어조리기능사
시행처		한국산업인력공단	
시험과목	필기	일식 재료관리, 음식조리 및 위생관리	복어재료관리, 음식조리 및 위생관리
	실기	일식 조리 실무	복어 조리실무
검정방법	필기	객관식 4지 택일형, 60문항(60분)	
	실기	작업형(70분 정도)	작업형(56분)
시험수수료 (2022년 기준)	필기	14,500원	14,500원
	실기	30,800원	35,100원
합격기준		100점 만점에 60점 이상(필기, 실기 공통)	

일식 · 복어조리기능사 실기 시험 안내

1. 실기 시험 수험자 유의사항

① 만드는 순서에 유의하며, 위생과 숙련된 기능평가를 위하여 조리작업 시 맛을 보지 않는다.

② 지정된 수험자지참준비물 이외의 조리기구나 재료를 시험장 내에 지참할 수 없다.

③ 지급재료는 시험 전 확인하여 이상이 있을 경우 시험위원으로부터 조치를 받고 시험 중에는 재료의 교환 및 추가지급은 하지 않는다.

④ 요구사항 및 지급재료의 규격은 "정도"의 의미를 포함하며, 재료의 크기에 따라 가감하여 채점된다.

⑤ 위생복, 위생모, 앞치마, 마스크를 착용하여야 하며, 시험장비·조리기구 취급 등 안전에 유의한다.

⑥ 다음 사항은 실격에 해당하여 채점 대상에서 제외된다.

㉮ 수험자 본인이 시험 도중 시험에 대한 포기 의사를 표현하는 경우

㉯ 위생복, 위생모, 앞치마, 마스크를 착용하지 않은 경우

㉰ 시험시간 내에 과제 두 가지를 제출하지 못한 경우

㉱ 문제의 요구사항대로 과제의 수량이 만들어지지 않은 경우

㉲ 완성품을 요구사항의 과제(요리)가 아닌 다른 요리(예, 달걀말이→달걀찜)로 만든 경우

㉳ 불을 사용하여 만든 조리작품이 작품특성에 벗어나는 정도로 타거나 익지 않은 경우

㉴ 해당과제의 지급재료 이외 재료를 사용하거나, 요구사항의 조리기구(석쇠 등)로 완성품을 조리하지 않은 경우

㉵ 지정된 수험자지참준비물 이외의 조리기술에 영향을 줄 수 있는 기구를 사용한 경우

㉶ 가스레인지 화구 2개 이상(2개 포함) 사용한 경우

㉷ 시험 중 시설·장비(칼, 가스레인지 등) 사용 시 시험위원 및 타수험자의 시험 진행에 위해를 일으킬 것으로 시험위원 전원이 합의하여 판단한 경우

㉸ 요구사항에 표시된 실격 및 부정행위에 해당하는 경우

⑦ 항목별 배점은 위생상태 및 안전관리 5점, 조리기술 30점, 작품의 평가 15점이다.

⑧ 시험시작 전 가벼운 몸 풀기(스트레칭) 동작으로 긴장을 풀고 시험을 시작한다.

2. 위생상태 및 안전관리 세부기준 안내

① 위생복 상의

㉮ 전체 흰색, 손목까지 오는 긴소매

· 조리과정에서 발생 가능한 안전사고(화상 등) 예방 및 식품위생(체모 유입방지, 오염도 확인 등) 관리를 위한 기준 적용

· 조리과정에서 편의를 위해 소매를 접어 작업하는 것은 허용

· 부직포, 비닐 등 화재에 취약한 재질이 아닐 것, 팔토시는 긴팔로 불인정

㈏ 상의 여밈은 위생복에 부착된 것이어야 하며 벨크로(일명 찍찍이), 단추 등의 크기, 색상, 모양, 재질은 제한하지 않음(단, 핀 등 별도 부착한 금속성은 제외)

② 위생복 하의: 색상·재질 무관, 안전과 작업에 방해가 되지 않는 발목까지 오는 긴 바지(조리기구 낙하, 화상 등 안전사고 예방을 위한 기준 적용)

③ 위생모: 전체 흰색, 빈틈이 없고 바느질 마감처리가 되어 있는 일반 조리장에서 통용되는 위생모(모자의 크기, 길이, 모양, 재질(면 부직포 등)은 무관)

④ 앞치마: 전체 흰색, 무릎아래까지 덮이는 길이(상하일체형(목끈형) 가능, 부직포·비닐 등 화재에 취약한 재질이 아닐 것)

⑤ 마스크: 침액을 통한 위생상의 위해 방지용으로 종류는 제한하지 않음(단, 감염병 예방법에 따라 마스크 착용 의무화 기간에는 '투명 위생 플라스틱 입가리개'는 마스크 착용으로 인정하지 않음)

⑥ 위생화(작업화): 색상 무관, 굽이 높지 않고 발가락·발등·발뒤꿈치가 덮여 안전사고를 예방할 수 있는 깨끗한 운동화 형태

⑦ 장신구: 일체의 개인용 장신구 착용 금지(단, 위생모 고정을 위한 머리핀 허용)

⑧ 두발: 단정하고 청결할 것, 머리카락이 길 경우 흘러내리지 않도록 머리망을 착용하거나 묶을 것

⑨ 손/손톱

㈎ 손에 상처가 없어야하나, 상처가 있을 경우 보이지 않도록 할 것(시험위원 확인 하에 추가 조치 가능)

㈏ 손톱은 길지 않고 청결하며 매니큐어, 인조손톱 등을 부착하지 않을 것

⑩ 폐식용유 처리: 사용한 폐식용유는 시험위원이 지시하는 적재 장소에 처리할 것

⑪ 교차오염

㈎ 교차오염 방지를 위한 칼, 도마 등 조리기구 구분 사용은 세척으로 대신하여 예방할 것

㈏ 조리기구에 이물질(예, 테이프)을 부착하지 않을 것

⑫ 위생관리: 재료, 조리기구 등 조리에 사용되는 모든 것은 위생적으로 처리하여야 하며, 조리용으로 적합한 것일 것

⑬ 안전사고 발생 처리: 칼 사용(손 빔) 등으로 안전사고 발생 시 응급조치를 하여야하며, 응

급조치에도 지혈이 되지 않을 경우 시험 진행 불가

⑭ 부정 방지: 위생복, 조리기구 등 시험장 내 모든 개인물품에는 수험자의 소속 및 성명 등의 표식이 없을 것(위생복의 개인 표식 제거는 테이프로 부착 가능)

⑮ 테이프 사용: 위생복 상의, 앞치마, 위생모의 소속 및 성명을 가리는 용도로만 허용

3. 위생상태 및 안전관리에 대한 채점기준 안내

1) 실격(채점대상 제외)

① 위생복(상/하의), 위생모, 앞치마, 마스크 중 한 가지라도 미착용한 경우

② 평상복(흰 티셔츠, 와이셔츠), 패션모자(흰털모자, 비니, 야구모자) 등 기준을 벗어난 위생복장을 착용한 경우

2) '위생상태 및 안전관리' 점수 전체 0점

③ 위생복(상/하의), 위생모, 앞치마, 마스크를 착용하였더라도

㉮ 무늬가 있거나 유색의 위생복 상의·위생모·앞치마를 착용한 경우

㉯ 흰색의 위생복 상의 앞치마를 착용하였더라도 부직포, 비닐 등 화재에 취약한 재질의 복장을 착용한 경우

㉰ 팔꿈치가 덮이지 않는 짧은 팔의 위생복을 착용한 경우

㉱ 위생복 하의의 색상, 재질은 무관하나 짧은 바지, 통이 넓은 힙합스타일 바지, 타이츠, 치마 등 안전과 작업에 방해가 되는 복장을 착용한 경우

㉲ 위생모가 뚫려 있어 머리카락이 보이거나, 수건 등으로 감싸 바느질 마감 처리가 되어있지 않고 풀어지기 쉬워 일반 조리장용으로 부적합한 경우

④ 이물질(예, 테이프) 부착 등 식품위생에 위배되는 조리 기구를 사용한 경우

3) '위생상태 및 안전관리' 점수 일부 감점

⑤ 위생복(상/하의), 위생모, 앞치마, 마스크를 착용하였더라도

㉮ 위생복 상의가 팔꿈치를 덮기는 하나 손목까지 오는 긴소매가 아닌 위생복(팔토시 착용은 긴소매로 불인정), 실험복 형태의 긴 가운, 핀 등 금속을 별도 부착한 위생복을 착용하여 세부기준을 준수하지 않았을 경우

㉯ 테두리선, 칼라, 위생모 짧은 창 등 일부 유색의 위생복 상의 위생모 앞치마를 착용한 경우(테이프 부착 불인정)

㉰ 위생복(상/하의), 위생모, 앞치마, 마스크에 수험자의 소속 및 성명을 테이프 등으로 가리지 않았을 경우

⑥ 위생화(작업화), 장신구, 두발, 손/손톱, 폐식용유 처리, 안전사고 발생처리 등 '위생상태 및 안전관리 세부기준'을 준수하지 않았을 경우

⑦ '위생상태 및 안전관리 세부기준' 이외에 위생과 안전을 저해하는 기타사항이 있을 경우

※ 위 기준에 표시되어 있지 않으나 일반적인 개인위생, 식품위생, 주방위생, 안전관리를 준수하지 않을 경우 감점처리 될 수 있다.

※ 수도자의 경우 제복+위생복 상의/하의, 위생모, 앞치마, 마스크 착용 허용

일식조리기능사 실기 지참 준비물

번호	재료명	규격	단위	수량	비고
1	위생복	상의-흰색/긴 소매, 하의-긴 바지(색상 무관)	벌	1	*위생복장(위생복, 위생모, 앞치마, 마스크)을 착용하지 않을 경우 채점대상에서 제외(실격)
2	위생모	흰색	EA	1	
3	앞치마	흰색(남녀 공용)	EA	1	
4	마스크	-	EA	1	
5	가위	-	EA	1	
6	강판	-	EA	1	
7	계량스푼	-	EA	1	
8	계량컵	-	EA	1	
9	국대접	기타 유사품 포함	EA	1	
10	국자	-	EA	1	
11	김발	-	EA	1	
12	냄비	-	EA	1	시험장에도 준비되어 있음
13	달걀말이용 프라이팬	사각	EA	1	
14	도마	흰색 또는 나무도마	EA	1	시험장에도 준비되어 있음
15	뒤집개	-	EA	1	
16	랩	-	EA	1	
17	면포/행주	흰색	장	1	
18	밥공기	-	EA	1	
19	볼(bowl)	-	EA	1	
20	비닐백	위생백, 비닐봉지 등 유사품 포함	EA	1	

번호	재료명	규격	단위	수량	비고
21	상비의약품	손가락골무, 밴드 등	EA	1	
22	쇠꼬치(쇠꼬챙이)	생선구이용	EA	2	
23	쇠조리(혹은 체)	–	EA	1	
24	숟가락	차스푼 등 유사품 포함	EA	1	
25	위생타월	키친타월, 휴지 등 유사품 포함	장	1	
26	이쑤시개	산적꼬치 등 유사품 포함	EA	1	
27	접시	양념접시 등 유사품 포함	EA	1	
28	젓가락	–	EA	1	
29	종이컵	–	EA	1	
30	종지	–	EA	1	
31	주걱	–	EA	1	
32	집게	–	EA	1	
33	칼	조리용 칼, 칼집 포함	EA	1	
34	호일	–	EA	1	
35	프라이팬	–	EA	1	시험장에도 준비되어 있음

① 지참준비물의 수량은 최소 필요수량이므로 수험자가 필요시 추가 지참 가능하다.

② 지참준비물은 일반적인 조리용을 의미하며, 기관명, 이름 등 표시가 없는 것이어야 한다.

③ 지참준비물 중 수험자 개인에 따라 과제를 조리하는데 불필요하다고 판단되는 조리기구는 지참하지 않아도 된다.

④ 지참준비물 목록에는 없으나 조리에 직접 사용되지 않는 조리 주방용품(예, 수저통 등)은 지참 가능하다.

⑤ 수험자지참준비물 이외의 조리기구를 사용한 경우 채점대상에서 제외(실격)된다.

⑥ 위생상태 세부기준은 큐넷–자료실–공개문제에 공지된 '위생상태 및 안전관리 세부기준' 을 참조한다.

복어조리기능사 실기 지참 준비물					
번호	재료명	규격	단위	수량	비고
1	위생복	상의-흰색/긴 소매, 하의-긴 바지(색상 무관)	벌	1	*위생복장(위생복, 위생모, 앞치마, 마스크)을 착용하지 않을 경우 채점대상에서 제외(실격)
2	위생모	흰색	EA	1	
3	앞치마	흰색(남녀 공용)	EA	1	
4	마스크	–	EA	1	
5	칼	조리용 칼, 칼집 포함	EA	1	
6	도마	흰색 또는 나무 도마	EA	1	시험장에도 준비되어 있음, 도마 고정 보조용품(실리콘 등) 사용가능
7	계량스푼	–	SET	1	
8	계량컵	–	EA	1	
9	가위	–	EA	1	
10	냄비	–	EA	1	시험장에도 준비되어 있음
11	밥공기	–	EA	1	
12	국대접	기타 유사품 포함	EA	1	
13	접시	양념접시 등 유사품 포함	EA	1	
14	종지	–	EA	1	
15	숟가락	차스푼 등 유사품 포함	EA	1	
16	젓가락	–	EA	1	
17	국자	–	EA	1	
18	주걱	–	EA	1	
19	강판	–	EA	1	
20	쇠조리(혹은 체)	–	EA	1	
21	집게	–	EA	1	
22	볼(bowl)	–	EA	1	
23	종이컵	–	EA	1	
24	위생타월	키친타월, 휴지 등 유사품 포함	장	1	
25	면포/행주	흰색	장	1	

번호	재료명	규격	단위	수량	비고
26	비닐백	위생백, 비닐봉지 등 유사품 포함	장	1	
27	랩	–	EA	1	
28	호일	–	EA	1	
29	이쑤시개	산적꼬치 등 유사품 포함	EA	1	
30	상비의약품	손가락골무, 밴드 등	EA	1	
31	볼펜	검정색	EA	1	필수 지참
32	수정테이프(수정액 제외)	–	EA	1	

① 지참준비물의 수량은 최소 필요수량이므로 수험자가 필요시 추가 지참 가능하다.

② 지참준비물은 일반적인 조리용을 의미하며, 기관명, 이름 등 표시가 없는 것이어야 한다.

③ 지참준비물 중 수험자 개인에 따라 과제를 조리하는데 불필요하다고 판단되는 조리기구는 지참하지 않아도 된다.

④ 지참준비물 목록에는 없으나 조리에 직접 사용되지 않는 조리 주방용품(예, 수저통 등)은 지참 가능하다.

⑤ 수험자지참준비물 이외의 조리기구를 사용한 경우 채점대상에서 제외(실격)된다.

⑥ 위생상태 세부기준은 큐넷–자료실–공개문제에 공지된 '위생상태 및 안전관리 세부기준'을 참조한다.

일식조리기능사 출제 기준(실기)

직무 분야	음식 서비스	중직무 분야	조리	자격 종목	일식 조리기능사	적용 기간	2023.1.1. ~ 2025.12.31.

- 직무내용: 일식메뉴 계획에 따라 식재료를 선정, 구매, 검수, 보관 및 저장하며 맛과 영양을 고려하여 안전하고 위생적으로 음식을 조리하고 조리기구와 시설관리를 수행하는 직무이다.
- 수행준거: 1. 위생관련지식을 이해하고 개인위생 · 식품위생을 관리하고 전반적인 조리작업을 위생적으로 할 수 있다.
  2. 일식 기초조리작업 수행에 필요한 칼 다루기, 조리 방법 등 기본적 지식을 이해하고 기능을 익혀 조리업무에 활용할 수 있다.
  3. 준비된 식재료에 따라 다양한 양념을 첨가하여 용도에 맞춰 무쳐낼 수 있다.
  4. 준비된 맛국물에 주재료를 사용하여 맛과 향을 중요시하게 조리할 수 있다.
  5. 다양한 식재료를 이용하여 조림을 할 수 있다.
  6. 면 재료를 이용하여 양념, 국물과 함께 제공하여 조리할 수 있다.
  7. 식사로 사용되는 밥 짓기, 녹차 밥, 덮밥류, 죽류를 조리할 수 있다.
  8. 손질한 식재료를 혼합 초를 이용하여 초회를 조리할 수 있다.

- 실기 검정 방법: 작업형
- 시험 시간: 1시간 정도
- 실기 과목명: 일식 조리 실무

주요항목	세부항목	세세항목
1. 음식 위생 관리	1. 개인위생 관리하기	1. 위생관리기준에 따라 조리복, 조리모, 앞치마, 조리안전화 등을 착용할 수 있다. 2. 두발, 손톱, 손 등 신체청결을 유지하고 작업수행 시 위생습관을 준수할 수 있다. 3. 근무 중의 흡연, 음주, 취식 등에 대한 작업장 근무수칙을 준수할 수 있다. 4. 위생관련법규에 따라 질병, 건강검진 등 건강상태를 관리하고 보고할 수 있다.
	2. 식품위생 관리하기	1. 식품의 유통기한 · 품질 기준을 확인하여 위생적인 선택을 할 수 있다. 2. 채소 · 과일의 농약 사용여부와 유해성을 인식하고 세척할 수 있다. 3. 식품의 위생적 취급기준을 준수할 수 있다. 4. 식품의 반입부터 저장, 조리과정에서 유독성, 유해물질의 혼입을 방지할 수 있다.
	3. 주방위생 관리하기	1. 주방 내에서 교차오염 방지를 위해 조리생산 단계별 작업공간을 구분하여 사용할 수 있다. 2. 주방위생에 있어 위해요소를 파악하고, 예방할 수 있다. 3. 주방, 시설 및 도구의 세척, 살균, 해충 · 해서 방제작업을 정기적으로 수행할 수 있다. 4. 시설 및 도구의 노후상태나 위생상태를 점검하고 관리할 수 있다. 5. 식품이 조리되어 섭취되는 전 과정의 주방 위생 상태를 점검하고 관리할 수 있다. 6. HACCP적용업장의 경우 HACCP관리기준에 의해 관리할 수 있다.

주요항목	세부항목	세세항목
2. 음식 안전 관리	1. 개인안전 관리하기	1. 안전관리 지침서에 따라 개인 안전관리 점검표를 작성할 수 있다. 2. 개인안전사고 예방을 위해 도구 및 장비의 정리정돈을 상시 할 수 있다. 3. 주방에서 발생하는 개인 안전사고의 유형을 숙지하고 예방을 위한 안전수칙을 지킬 수 있다. 4. 주방 내 필요한 구급품이 적정 수량 비치되었는지 확인하고 개인 안전 보호 장비를 정확하게 착용하여 작업할 수 있다. 5. 개인이 사용하는 칼에 대해 사용안전, 이동안전, 보관안전을 수행 할 수 있다. 6. 개인의 화상사고, 낙상사고, 근육팽창과 골절사고, 절단사고, 전기기구에 인한 전기 쇼크 사고, 화재사고와 같은 사고 예방을 위해 주의사항을 숙지하고 실천할 수 있다. 7. 개인 안전사고 발생 시 신속 정확한 응급조치를 실시하고 재발 방지 조치를 실행할 수 있다.
	2. 장비 · 도구 안전작업 하기	1. 조리장비 · 도구에 대한 종류별 사용방법에 대해 주의사항을 숙지할 수 있다. 2. 조리장비 · 도구를 사용 전 이상 유무를 점검할 수 있다. 3. 안전 장비 류 취급 시 주의사항을 숙지하고 실천 할 수 있다. 4. 조리장비 · 도구를 사용 후 전원을 차단하고 안전수칙을 지키며 분해하여 청소할 수 있다. 5. 무리한 조리장비 · 도구 취급은 금하고 사용 후 일정한 장소에 보관하고 점검할 수 있다. 6. 모든 조리장비 · 도구는 반드시 목적 이외의 용도로 사용하지 않고 규격품을 사용할 수 있다.
	3. 작업환경 안전관리 하기	1. 작업환경 안전관리 시 작업환경 안전관리 지침서를 작성할 수 있다. 2. 작업환경 안전관리 시 작업장주변 정리 정돈 등을 관리 점검할 수 있다. 3. 작업환경 안전관리 시 제품을 제조하는 작업장 및 매장의 온 · 습도관리를 통하여 안전사고요소 등을 제거할 수 있다. 4. 작업장내의 적정한 수준의 조명과 환기, 이물질, 미끄럼 및 오염을 방지할 수 있다. 5. 작업환경에서 필요한 안전관리시설 및 안전용품을 파악하고 관리할 수 있다. 6. 작업환경에서 화재의 원인이 될 수 있는 곳을 자주 점검하고 화재진압기를 배치하고 사용할 수 있다. 7. 작업환경에서의 유해, 위험, 화학물질을 처리기준에 따라 관리할 수 있다. 8. 법적으로 선임된 안전관리책임자가 정기적으로 안전교육을 실시하고 이에 참여할 수 있다.
3. 일식 기초 조리실무	1. 기본 칼 기술 습득 하기	1. 칼의 종류와 사용용도를 이해 할 수 있다. 2. 기본 썰기 방법을 습득할 수 있다. 3. 조리목적에 맞게 식재료를 썰 수 있다. 4. 칼을 연마하고 관리할 수 있다.
	2. 기본 기능 습득하기	1. 일식 기본양념에 대한 지식을 설명할 수 있다. 2. 일식 곁들임에 대한 지식을 이해하고 습득할 수 있다. 3. 일식 기본 맛국물조리에 대한 지식을 이해하고 습득할 수 있다. 4. 일식 기본 재료에 대한 지식을 이해하고 습득할 수 있다.

주요항목	세부항목	세세항목
3. 일식 기초 조리실무	3. 기본 조리 방법 습득하기	1. 일식 조리도구의 종류 및 용도에 대하여 이해하고 습득할 수 있다. 2. 계량방법을 습득할 수 있다. 3. 일식 기본 조리법에 대한 지식을 이해하고 습득할 수 있다. 4. 조리 업무 전과 후의 상태를 점검할 수 있다.
4. 일식 무침 조리	1. 무침재료 준비하기	1. 식재료를 기초손질 할 수 있다 2. 무침양념을 준비할 수 있다. 3. 곁들임 재료를 준비할 수 있다.
	2. 무침조리 하기	1. 식재료를 전 처리 할 수 있다. 2. 무침양념을 사용할 수 있다. 3. 식재료와 무침양념을 용도에 맞게 무쳐낼 수 있다.
	3. 무침담기	1. 용도에 맞는 기물을 선택할 수 있다. 2. 제공직전에 무쳐낼 수 있다. 3. 색상에 맞게 담아 낼 수 있다.
5. 일식 국물 조리	1. 국물재료 준비하기	1. 주재료를 손질하고 다듬을 수 있다. 2. 부재료를 손질할 수 있다. 3. 향미재료를 손질할 수 있다.
	2. 국물우려 내기	1. 물의 온도에 따라 국물재료를 넣는 시점을 조절할 수 있다. 2. 국물재료의 종류에 따라 불의 세기를 조절할 수 있다. 3. 국물재료의 종류에 따라 우려내는 시간을 조절 할 수 있다.
	3. 국물요리 조리하기	1. 맛국물을 조리 할 수 있다. 2. 주재료와 부재료를 조리할 수 있다. 3. 향미재료를 첨가하여 국물요리를 완성할 수 있다.
6. 일식 조림 조리	1. 조림재료 준비하기	1. 생선, 어패류, 육류를 재료의 특성에 맞게 손질할 수 있다. 2. 두부, 채소, 버섯류를 재료의 특성에 맞게 손질할 수 있다. 3. 메뉴에 따라 양념장을 준비할 수 있다.
	2. 조림조리 하기	1. 재료에 따라 조림양념을 만들 수 있다. 2. 식재료의 종류에 따라 불의 세기와 시간을 조절할 수 있다. 3. 재료의 색상과 윤기가 살아나도록 조릴 수 있다.
	3. 조림담기	1. 조림의 특성에 따라 기물을 선택할 수 있다. 2. 재료의 형태를 유지할 수 있다. 3. 곁들임을 첨가하여 담아 낼 수 있다.
7. 일식 면류 조리	1. 면 재료 준비하기	1. 면류의 식재료를 용도에 맞게 손질할 수 있다. 2. 면 요리에 맞는 부재료와 양념을 준비할 수 있다. 3. 면 요리의 구성에 맞는 기물을 준비할 수 있다.
	2. 면 국물 조리하기	1. 면 요리의 종류에 맞게 맛국물을 조리할 수 있다. 2. 주재료와 부재료를 조리할 수 있다. 3. 향미재료를 첨가하여 면 국물조리를 완성할 수 있다.

주요항목	세부항목	세세항목
7. 일식 면류 조리	3. 면 조리 하기	1. 면 요리의 종류에 맞게 맛국물을 준비할 수 있다. 2. 부재료는 양념하거나 익혀서 준비할 수 있다. 3. 면을 용도에 맞게 삶아서 준비할 수 있다.
	4. 면 담기	1. 면 요리의 종류에 따라 그릇을 선택할 수 있다. 2. 양념을 담아 낼 수 있다. 3. 맛국물을 담아 낼 수 있다.
8. 일식 밥류 조리	1. 밥 짓기	1. 쌀을 씻어 불릴 수 있다. 2. 조리법(밥, 죽)에 맞게 물을 조절할 수 있다. 3. 밥을 지어 뜸들이기를 할 수 있다.
	2. (녹차) 밥 조리하기	1. 맛국물을 낼 수 있다. 2. 메뉴에 맞게 기물선택을 할 수 있다. 3. 밥에 맛국물을 넣고 고명을 선택할 수 있다.
	3. 덮밥소스 조리하기	1. 덮밥용 맛국물을 만들 수 있다. 2. 덮밥용 양념간장을 만들 수 있다. 3. 덮밥재료에 따른 소스를 조리하여 덮밥을 만들 수 있다.
	4. 덮밥 류 조리하기	1. 덮밥의 재료를 용도에 맞게 손질할 수 있다. 2. 맛국물에 튀기거나 익힌 재료를 넣고 조리할 수 있다. 3. 밥 위에 조리된 재료를 놓고 고명을 곁들일 수 있다.
	5. 죽류 조리하기	1. 맛국물을 낼 수 있다. 2. 용도(쌀, 밥)에 맞게 주재료를 조리 할 수 있다. 3. 주재료와 부재료를 사용하여 죽을 조리할 수 있다.
9. 일식 초회 조리	1. 초회 재료 준비하기	1. 식재료를 기초손질 할 수 있다. 2. 혼합 초 재료를 준비할 수 있다. 3. 곁들임 양념을 준비할 수 있다.
	2. 초회 조리 하기	1. 식재료를 전 처리 할 수 있다. 2. 혼합 초를 만들 수 있다. 3. 식재료와 혼합초의 비율을 용도에 맞게 조리할 수 있다.
	3. 초회담기	1. 용도에 맞는 기물을 선택할 수 있다. 2. 제공 직전에 무쳐낼 수 있다. 3. 색상에 맞게 담아낼 수 있다.
10. 일식 찜 조리	1. 찜재료 준비하기	1. 메뉴에 따라 재료의 특성을 살려 손질할 수 있다. 2. 고명, 부재료, 향신료를 조리법에 맞추어 손질할 수 있다. 3. 양념재료를 준비할 수 있다.
	2. 찜 소스 조리하기	1. 메뉴에 따라 재료의 특성을 살려 맛국물을 준비할 수 있다. 2. 찜 소스를 찜의 종류와 특성에 따라 조리법에 맞추어 조리할 수 있다. 3. 첨가되는 찜 소스의 양을 조절하여 조리할 수 있다.

주요항목	세부항목	세세항목
10. 일식 찜 조리	3. 찜 조리 하기	1. 찜통을 준비할 수 있다. 2. 찜 양념을 만들 수 있다. 3. 식재료의 종류에 따라 불의 세기와 시간을 조절할 수 있다. 4. 재료에 따라 찜조리를 할 수 있다.
	4. 찜 담기	1. 찜의 특성에 따라 기물을 선택할 수 있다. 2. 재료의 형태를 유지할 수 있다. 3. 곁들임을 첨가하여 완성 할 수 있다.
11. 일식 롤 초밥조리	1. 롤 초밥재료 준비하기	1. 초밥용 밥을 준비할 수 있다. 2. 롤 초밥의 용도에 맞는 재료를 준비할 수 있다. 3. 고추냉이(가루, 생)와 부재료를 준비할 수 있다.
	2. 롤 양념초 조리하기	1. 초밥용 배합초의 재료를 준비할 수 있다. 2. 초밥용 배합초를 조리할 수 있다. 3. 용도에 맞게 다양한 배합초를 준비된 밥에 뿌릴 수 있다.
	3. 롤 초밥 조리하기	1. 롤초밥의 모양과 양을 조절할 수 있다. 2. 신속한 동작으로 만들 수 있다.. 3. 용도에 맞게 다양한 롤초밥을 만들 수 있다.
	4. 롤 초밥 담기	1. 롤초밥의 종류와 양에 따른 기물을 선택할 수 있다. 2. 롤초밥을 구성에 맞게 담을 수 있다. 3. 롤초밥에 곁들임을 첨가할 수 있다. 4. 롤초밥에 대나무 잎 등을 잘라 장식 할 수 있다.
12. 일식 구이 조리	1. 구이재료 준비하기	1. 식재료를 용도에 맞게 손질할 수 있다. 2. 식재료에 맞는 양념을 준비할 수 있다. 3. 구이용도에 맞는 기물을 준비할 수 있다.
	2. 구이 조리 하기	1. 식재료의 특성에 따라 구이방법을 선택할 수 있다. 2. 불의 강약을 조절하여 구워낼 수 있다. 3. 재료의 형태가 부서지지 않도록 구울 수 있다.
	3. 구이 담기	1. 모양과 형태에 맞게 담아낼 수 있다. 2. 양념을 준비하여 담아낼 수 있다. 3. 구이종류의 특성에 따라 곁들임을 함께 제공할 수 있다.

복어조리기능사 출제 기준(실기)

직무 분야	음식 서비스	중직무 분야	조리	자격 종목	복어 조리기능사	적용 기간	2023.1.1. ~ 2025.12.31.

- 직무내용: 복어조리메뉴 계획에 따라 식재료를 선정, 구매, 검수, 보관 및 저장하며 맛과 영양을 고려하여 안전하고 위생적으로 음식을 조리하고 조리기구와 시설관리를 수행하는 직무이다.
- 수행준거: 1. 위생관련지식을 이해하고 개인위생 · 식품위생을 관리하고 전반적인 조리작업을 위생적으로 할 수 있다.
  2. 복어 기초조리작업 수행에 필요한 칼 다루기, 조리 방법 등 기본적 지식을 이해하고 기능을 익혀 조리업무에 활용할 수 있다.
  3. 주방에서 일어날 수 있는 사고와 재해에 대하여 안전수칙준수, 안전예방 등을 할 수 있다.
  4. 복어조리 작업 수행에 필요한 재료를 저장, 재고관리 등 재료를 효율적으로 관리 할 수 있다.
  5. 다양한 채소류, 복떡과 곁들임 재료를 손질 할 수 있다.
  6. 초간장, 양념, 조리별 양념장을 용도에 맞게 만들 수 있다.
  7. 채 썬 껍질을 초간장에 무쳐낼 수 있다.
  8. 준비된 맛국물에 주재료를 사용하여 맛과 향을 중요시하게 조리할 수 있다.
  9. 복어살을 전처리하여 얇게 포를 떠서 국화 모양으로 그릇에 담을 수 있다.

- 실기 검정 방법: 작업형
- 시험 시간: 60분 정도
- 실기 과목명: 복어 조리 실무

주요항목	세부항목	세세항목
1. 음식 위생 관리	1. 개인위생 관리하기	1. 위생관리기준에 따라 조리복, 조리모, 앞치마, 조리안전화 등을 착용할 수 있다. 2. 두발, 손톱, 손 등 신체청결을 유지하고 작업수행 시 위생습관을 준수할 수 있다. 3. 근무 중의 흡연, 음주, 취식 등에 대한 작업장 근무수칙을 준수할 수 있다. 4. 위생관련법규에 따라 질병, 건강검진 등 건강상태를 관리하고 보고할 수 있다.
	2. 식품위생 관리하기	1. 식품의 유통기한 · 품질 기준을 확인하여 위생적인 선택을 할 수 있다. 2. 채소 · 과일의 농약 사용여부와 유해성을 인식하고 세척할 수 있다. 3. 식품의 위생적 취급기준을 준수할 수 있다. 4. 식품의 반입부터 저장, 조리과정에서 유독성, 유해물질의 혼입을 방지할 수 있다.
	3. 주방위생 관리하기	1. 주방 내에서 교차오염 방지를 위해 조리생산 단계별 작업공간을 구분하여 사용할 수 있다. 2. 주방위생에 있어 위해요소를 파악하고, 예방할 수 있다. 3. 주방, 시설 및 도구의 세척, 살균, 해충 · 해서 방제작업을 정기적으로 수행할 수 있다. 4. 시설 및 도구의 노후상태나 위생상태를 점검하고 관리할 수 있다. 5. 식품이 조리되어 섭취되는 전 과정의 주방 위생 상태를 점검하고 관리할 수 있다. 6. HACCP 적용업장의 경우 HACCP 관리기준에 의해 관리할 수 있다.

주요항목	세부항목	세세항목
2. 음식 안전 관리	1. 개인안전 관리하기	1. 안전관리 지침서에 따라 개인 안전관리 점검표를 작성할 수 있다. 2. 개인안전사고 예방을 위해 도구 및 장비의 정리정돈을 상시할 수 있다. 3. 주방에서 발생하는 개인 안전사고의 유형을 숙지하고 예방을 위한 안전수칙을 지킬 수 있다. 4. 주방 내 필요한 구급품이 적정 수량 비치되었는지 확인하고 개인 안전 보호 장비를 정확하게 착용하여 작업할 수 있다. 5. 개인이 사용하는 칼에 대해 사용안전, 이동안전, 보관안전을 수행할 수 있다. 6. 개인의 화상사고, 낙상사고, 근육팽창과 골절사고, 절단사고, 전기기구에 인한 전기 쇼크 사고, 화재사고와 같은 사고 예방을 위해 주의사항을 숙지하고 실천할 수 있다. 7. 개인 안전사고 발생 시 신속 정확한 응급조치를 실시하고 재발 방지 조치를 실행할 수 있다.
	2. 장비·도구 안전작업 하기	1. 조리장비 · 도구에 대한 종류별 사용방법에 대해 주의사항을 숙지할 수 있다. 2. 조리장비 · 도구를 사용 전 이상 유무를 점검할 수 있다. 3. 안전 장비 류 취급 시 주의사항을 숙지하고 실천할 수 있다. 4. 조리장비 · 도구를 사용 후 전원을 차단하고 안전수칙을 지키며 분해하여 청소할 수 있다. 5. 무리한 조리장비 · 도구 취급은 금하고 사용 후 일정한 장소에 보관하고 점검할 수 있다. 6. 모든 조리장비 · 도구는 반드시 목적 이외의 용도로 사용하지 않고 규격품을 사용할 수 있다.
	3. 작업환경 안전관리 하기	1. 작업환경 안전관리 시 작업환경 안전관리 지침서를 작성할 수 있다. 2. 작업환경 안전관리 시 작업장 주변 정리 정돈 등을 관리 점검할 수 있다. 3. 작업환경 안전관리 시 제품을 제조하는 작업장 및 매장의 온 · 습도관리를 통하여 안전사고요소 등을 제거할 수 있다. 4. 작업장 내의 적정한 수준의 조명과 환기, 이물질, 미끄럼 및 오염을 방지할 수 있다. 5. 작업환경에서 필요한 안전관리시설 및 안전용품을 파악하고 관리할 수 있다. 6. 작업환경에서 화재의 원인이 될 수 있는 곳을 자주 점검하고 화재진압기를 배치하고 사용할 수 있다. 7. 작업환경에서의 유해, 위험, 화학물질을 처리기준에 따라 관리할 수 있다. 8. 법적으로 선임된 안전관리책임자가 정기적으로 안전교육을 실시하고 이에 참여할 수 있다.
3. 복어 기초 조리실무	1. 기본 칼 기술 습득 하기	1. 칼의 종류와 사용용도를 이해할 수 있다. 2. 기본 썰기 방법을 습득할 수 있다. 3. 조리목적에 맞게 식재료를 썰 수 있다. 4. 칼을 연마하고 관리할 수 있다.
	2. 기본 기능 습득하기	1. 복어 기본양념에 대한 지식을 이해하고 습득할 수 있다. 2. 복어 곁들임에 대한 지식을 이해하고 습득할 수 있다. 3. 복어 기본 맛국물조리에 대한 지식을 이해하고 습득할 수 있다. 4. 복어 기본 재료에 대한 지식을 이해하고 습득할 수 있다.

주요항목	세부항목	세세항목
3. 복어 기초 조리실무	3. 기본 조리법 습득하기	1. 복어 조리도구의 종류 및 용도에 대하여 이해하고 습득할 수 있다. 2. 계량방법을 습득할 수 있다. 3. 복어 기본 조리법에 대한 지식을 이해하고 습득할 수 있다. 4. 조리 업무 전과 후의 상태를 점검할 수 있다.
4. 복어 부재료 손질	1. 채소 손질하기	1. 채소를 용도별로 구분할 수 있다. 2. 채소를 용도별로 손질할 수 있다. 3. 채소를 신선하게 보관할 수 있다.
	2. 복떡 굽기	1. 복떡을 용도에 맞게 전 처리 할 수 있다. 2. 복떡을 쇠꼬챙이에 꿸 수 있다. 3. 복떡을 타지 않게 구울 수 있다.
5. 복어 양념장 준비	1. 초간장 만들기	1. 초간장 제조에 필요한 재료를 준비할 수 있다. 2. 재료를 비율에 맞게 혼합하여 초간장을 만들 수 있다. 3. 초간장을 용도에 맞게 숙성시킬 수 있다.
	2. 양념 만들기	1. 양념 제조에 필요한 재료를 준비할 수 있다. 2. 양념 구성 재료를 용도에 맞게 손질할 수 있다. 3. 양념 구성 재료를 이용하여 양념을 만들 수 있다.
	3. 조리별 양념장 만들기	1. 조리별 양념장 제조에 필요한 재료를 준비할 수 있다. 2. 조리별 양념장 재료를 용도에 맞게 손질할 수 있다. 3. 재료를 이용하여 조리별 양념장을 만들 수 있다.
6. 복어 껍질 초회조리	1. 복어껍질 재료 준비하기	1. 복어껍질의 가시를 완전히 제거할 수 있다. 2. 손질된 복어껍질을 데치고 건조시킬 수 있다. 3. 건조된 복어껍질을 초회용으로 채 썰 수 있다. 4. 곁들임 채소를 준비하여 채 썰 수 있다.
	2. 복어초회 양념 만들기	1. 재료의 비율에 맞게 초간장을 만들 수 있다. 2. 양념재료를 이용하여 양념을 만들 수 있다. 3. 초간장과 양념으로 초회 양념을 만들 수 있다.
	3. 복어껍질 무치기	1. 재료의 배합 비율을 용도에 맞게 조절할 수 있다. 2. 채 썬 복어껍질을 초회 양념으로 무칠 수 있다. 3. 복어껍질초회를 제시된 모양으로 담아낼 수 있다.
7. 복어 죽 조리	1. 복어 맛국물 준비하기	1. 맛국물을 내기 위한 전처리 작업을 준비할 수 있다. 2. 다시마로 맛국물을 내기 위해 준비할 수 있다. 3. 복어 뼈로 맛국물을 내기 위해 준비할 수 있다.
	2. 복어 죽 재료 준비하기	1. 밥을 물에 씻어 복어죽 용도로 준비할 수 있다. 2. 쌀을 씻어 불려서 복어죽 용도로 준비할 수 있다. 3. 부재료를 복어죽 용으로 준비할 수 있다.
	3. 복어 죽 끓여서 완성하기	1. 불린 쌀과 복어 살 등으로 복어 죽을 만들 수 있다. 2. 씻은 밥과 복어 살 등으로 복어 죽을 만들 수 있다. 3. 복어죽의 종류별 차이점을 설명할 수 있다.

주요항목	세부항목	세세항목
8. 복어 회 국화모양 조리	1. 복어 살 전처리 작업하기	1. 복어살이 뼈에 붙어있지 않게 분리할 수 있다. 2. 복어살에 붙은 엷은 막을 분리할 수 있다. 3. 엷은 막의 복어 살을 회 장식에 사용할 수 있다. 4. 복어살의 어취와 수분을 제거할 수 있다.
	2. 복어 회 뜨기	1. 복어살을 일정한 폭과 길이로 자를 수 있다. 2. 복어 회의 끝부분을 삼각 접기할 수 있다. 3. 복어 회를 접시에 담아낼 수 있다. 4. 복어 회를 국화 모양으로 만들 수 있다.
	3. 복어 회 국화모양 접시에 담기	1. 복어 회를 완성 접시에 국화모양으로 담을 수 있다. 2. 실파, 미나리, 겉껍질, 속껍질 등 곁들임 재료들을 담을 수 있다.
9. 복어 튀김 조리	1. 복어 튀김 재료 준비 하기	1. 복어를 한입 크기로 토막 낼 수 있다. 2. 어취를 다양한 방법으로 제거할 수 있다. 3. 손질된 복어를 튀김용으로 밑간할 수 있다. 4. 곁들임 채소를 튀김용으로 준비할 수 있다. 5. 튀김용 종이를 준비할 수 있다.
	2. 복어 튀김옷 준비하기	1. 박력분 밀가루를 이용하여 튀김옷을 만들 수 있다. 2. 전분을 이용하여 튀김옷을 만들 수 있다. 3. 밀가루와 전분을 혼합하여 튀김옷을 만들 수 있다. 4. 튀김옷에 양념을 할 수 있다.
	3. 복어 튀김 조리 완성 하기	1. 튀김용 기름의 온도와 양을 조리 용도에 맞게 조절할 수 있다. 2. 양념된 복어와 곁들임 채소를 튀겨 낼 수 있다. 3. 튀긴 복어를 제시된 모양으로 담아낼 수 있다.
10. 복어 선별 · 손질 관리	1. 기초 손질 하기	1. 복어를 위생적으로 세척할 수 있다 2. 복어의 점액질을 제거할 수 있다. 3. 복어를 부위별로 분리할 수 있다.
	2. 식용부위 손질하기	1. 가식과 불가식 부위를 정확하게 구분할 수 있다. 2. 가식 부위를 조리용도에 맞게 손질할 수 있다. 3. 불가식 부위를 안전하게 분리할 수 있다.
	3. 제독 처리 하기	1. 복어의 독성이 있는 부위를 정확하게 분류할 수 있다. 2. 복어의 독을 안전하게 제거할 수 있다.
	4. 껍질 작업 하기	1. 복어를 겉껍질과 속껍질로 분리할 수 있다. 2. 복어 껍질의 점액질과 핏줄을 제거할 수 있다. 3. 복어 껍질의 가시를 제거할 수 있다.
	5. 독성부위 폐기하기	1. 복어의 독성 부위를 안전하게 폐기할 수 있다.

복어조리산업기사 자격이란?

		복어조리산업기사
영문명		Industrial Engineer Cook, Blowfish
관련부처		식품의약품안전처
시행처		한국산업인력공단
시험과목	필기	위생 및 안전관리, 식재료관리 및 외식경영, 복어조리
	실기	조리작업
검정방법	필기	객관식 4지 택일형, 과목당 20문항(과목당 30분)
	실기	작업형(2시간 정도)
시험수수료 (2022년 기준)	필기	19,400원
	실기	56,200원
합격기준	필기	100점을 만점으로 하여 과목당 40점 이상, 전 과목 평균 60점 이상(과락 있음)
	실기	100점을 만점으로 하여 60점 이상

복어조리산업기사 출제 기준(실기)

직무 분야	음식 서비스	중직무 분야	조리	자격 종목	복어조리 산업기사	적용 기간	2022.1.1. ~ 2024.12.31.

- 직무내용: 복어메뉴 계획에 따라, 식재료를 선정, 구매, 검수, 보관 및 저장하며, 식용 가능한 복어를 안전하게 제독처리한 후 맛과 영양을 고려하여 위생적으로 음식을 조리하고 조리기구와 시설관리 및 급식 · 외식경영을 수행하는 직무

- 수행준거:
  1. 복어껍질을 이용하여 굳힘 요리를 만들 수 있다.
  2. 복어의 살과 뼈를 밑간하고 튀김옷을 입혀 기름에 튀겨낼 수 있다.
  3. 복어 술찜과 복어 수육 등을 조리할 수 있다.
  4. 음식조리 작업에 필요한 위생관련지식을 이해하고 주방의 청결상태와 개인위생 · 식품위생을 관리하여 전반적인 조리작업을 위생적으로 수행할 수 있다.
  5. 조리사가 주방에서 일어날 수 있는 사고와 재해에 대하여 안전기준 확인, 안전수칙 준수, 안전예방 활동을 할 수 있다.
  6. 계절 · 장소 · 목적 등에 따라 메뉴를 구성하고, 개발하며 메뉴관리를 할 수 있다.
  7. 복어의 종류와 선도를 구분하고 안전하게 제독 처리하여 각 부위별로 손질할 수 있다.
  8. 복어살을 전처리하여 얇게 포를 떠서 국화모양으로 담을 수 있다.
  9. 끓는 맛국물에 얇게 썬 복어와 채소 등을 데치고 양념장을 준비할 수 있다.
  10. 맛국물을 내어 복어와 채소를 익히고 양념장을 조리할 수 있다.
  11. 배합초를 섞은 초밥용 밥과 재단된 복어 살로 쥔 초밥을 조리할 수 있다.
  12. 채 썬 복어껍질을 초간장에 무쳐서 조리할 수 있다.
  13. 부위별 주재료와 양념을 준비하여 복어갈비구이와 복어불고기를 조리할 수 있다.

- 실기 검정 방법: 작업형
- 시험 시간: 2시간 정도
- 실기 과목명: 복어 조리 실무

주요항목	세부항목	세세항목
1. 복어 위생 관리	1. 개인위생 관리하기	1. 위생관리기준에 따라 조리복, 조리모, 앞치마, 조리안전화 등을 착용할 수 있다. 2. 두발, 손톱, 손 등 신체청결을 유지하고 작업수행 시 위생습관을 준수할 수 있다. 3. 근무 중의 흡연, 음주, 취식 등에 대한 작업장 근무수칙을 준수할 수 있다. 4. 위생관련법규에 따라 질병, 건강검진 등 건강상태를 관리하고 보고할 수 있다.
	2. 식품위생 관리하기	1. 식품의 유통기한 · 품질 기준을 확인하여 위생적인 선택을 할 수 있다. 2. 채소 · 과일의 농약 사용여부와 유해성을 인식하고 세척할 수 있다. 3. 식품의 위생적 취급기준을 준수할 수 있다. 4. 식품의 반입부터 저장, 조리과정에서 유독성, 유해물질의 혼입을 방지할 수 있다.
	3. 주방위생 관리하기	1. 주방 내에서 교차오염 방지를 위해 조리생산 단계별 작업공간을 구분하여 사용할 수 있다. 2. 주방위생에 있어 위해요소를 파악하고, 예방할 수 있다. 3. 주방, 시설 및 도구의 세척, 살균, 해충 · 해서 방제작업을 정기적으로 수행할 수 있다. 4. 시설 및 도구의 노후상태나 위생상태를 점검하고 관리할 수 있다. 5. 식품이 조리되어 섭취되는 전 과정의 주방 위생상태를 점검하고 관리할 수 있다. 6. HACCP적용 업장의 경우 HACCP관리기준에 의해 관리할 수 있다.
2. 복어 안전 관리	1. 개인안전 관리하기	1. 안전관리 지침서에 따라 개인 안전관리 점검표를 작성할 수 있다. 2. 개인안전사고 예방을 위해 도구 및 장비의 정리정돈을 상시 할 수 있다. 3. 주방에서 발생하는 개인 안전사고의 유형을 숙지하고 예방을 위한 안전수칙을 지킬 수 있다. 4. 주방 내 필요한 구급품이 적정 수량 비치되었는지 확인하고 개인 안전 보호 장비를 정확하게 착용하여 작업할 수 있다. 5. 개인이 사용하는 칼에 대해 사용안전, 이동안전, 보관안전을 수행 할 수 있다. 6. 개인의 화상사고, 낙상사고, 근육팽창과 골절사고, 절단사고, 전기기구에 인한 전기 쇼크 사고, 화재사고와 같은 사고 예방을 위해 주의사항을 숙지하고 실천할 수 있다. 7. 개인 안전사고 발생 시 신속 정확한 응급조치를 실시하고 재발 방지 조치를 실행할 수 있다.
	2. 장비·도구 안전작업 하기	1. 조리장비 · 도구에 대한 종류별 사용방법에 대해 주의사항을 숙지할 수 있다. 2. 조리장비 · 도구를 사용 전 이상 유무를 점검할 수 있다. 3. 안전 장비 류 취급 시 주의사항을 숙지하고 실천 할 수 있다. 4. 조리장비 · 도구를 사용 후 전원을 차단하고 안전수칙을 지키며 분해하여 청소 할 수 있다. 5. 무리한 조리장비 · 도구 취급은 금하고 사용 후 일정한 장소에 보관하고 점검할 수 있다. 6. 모든 조리장비 · 도구는 반드시 목적 이외의 용도로 사용하지 않고 규격품을 사용할 수 있다.

주요항목	세부항목	세세항목
2. 복어 안전 관리	3. 작업환경 안전관리 하기	1. 작업환경 안전관리 시 작업환경 안전관리 지침서를 작성할 수 있다. 2. 작업환경 안전관리 시 작업장주변 정리 정돈 등을 관리 점검할 수 있다. 3. 작업환경 안전관리 시 제품을 제조하는 작업장 및 매장의 온 · 습도관리를 통하여 안전사고요소 등을 제거할 수 있다. 4. 작업장 내의 적정한 수준의 조명과 환기, 이물질, 미끄럼 및 오염을 방지할 수 있다. 5. 작업환경에서 필요한 안전관리시설 및 안전용품을 파악하고 관리할 수 있다. 6. 작업환경에서 화재의 원인이 될 수 있는 곳을 자주 점검하고 화재진압기를 배치하고 사용할 수 있다. 7. 작업환경에서의 유해, 위험, 화학물질을 처리기준에 따라 관리할 수 있다. 8. 법적으로 선임된 안전관리책임자가 정기적으로 안전교육을 실시하고 이에 참여할 수 있다.
3. 복어 메뉴 관리	1. 메뉴관리 계획하기	1. 균형 잡힌 식단 구성 방식을 감안하여 메뉴를 구성할 수 있다. 2. 원가, 식재료, 시설용량, 경제성을 감안하여 메뉴 구성을 조정할 수 있다. 3. 메뉴의 식재료, 조리방법, 메뉴 명, 메뉴판 작성 등 사용되는 용어와 명칭을 정확히 구분하고 사용할 수 있다. 4. 수익성과 선호도에 따른 메뉴 엔지니어링을 할 수 있다. 5. 공헌이익을 높일 수 있는 메뉴구성을 할 수 있다.
	2. 메뉴 개발 하기	1. 고객의 수요예측, 수익성, 이용 가능한 식자재, 조리설비, 메뉴의 다양성, 영양적 요소를 파악할 수 있다. 2. 고객의 식습관과 선호도에 미치는 경제적, 사회적, 지역적, 그리고 형태적 영향을 파악하고 활용할 수 있다. 3. 주방에서 보유한 조리기구의 특성을 이해하고, 메뉴의 영양적 요소와 설명을 제시할 수 있다. 4. 지역적 위치와 고객수준 등을 고려한 입지분석과 계층분석을 할 수 있다. 5. 식재료 전반에 관한 외부적인 환경을 파악하여 메뉴를 개발할 수 있다.
	3. 메뉴원가 계산하기	1. 실제원가를 일 단위, 월 단위로 계산하며, 이에 대한 의사결정을 할 수 있다. 2. 원가, 식재료, 시설용량, 경제성을 감안하여 메뉴 구성을 할 수 있다. 3. 당일 식료수입과 재료에 대한 현황을 파악하여 실제원가를 알 수 있다. 4. 당일 매출 보고서를 이해하고 매출에 대한 재료비율을 산출할 수 있다. 5. 부분별 재료 선입선출에 의한 품목별 단위원가를 산출하여 총원가를 계산할 수 있다.
4. 복어 껍질 굳힘조리	1. 부재료 썰기	1. 부재료를 용도에 맞게 손질할 수 있다. 2. 생강을 가늘게 채 썰 수 있다. 3. 실파를 용도에 맞게 썰 수 있다.
	2. 복어 껍질 조리하기	1. 가다랑어 포를 이용하여 맛국물을 만들 수 있다. 2. 복어껍질을 용도에 맞게 손질할 수 있다. 3. 복어껍질을 맛국물에 넣어 조릴 수 있다.
	3. 복어 껍질 굳힘 완성 하기	1. 굳힘 틀에 조린 껍질과 부재료를 순차적으로 넣을 수 있다. 2. 조린 복어껍질을 얼음물에 식힐 수 있다. 3. 조린 복어껍질을 저온에서 굳힐 수 있다.

주요항목	세부항목	세세항목
5. 복어 튀김 조리	1. 복어 튀김 재료 준비하기	1. 복어를 한입 크기로 토막 낼 수 있다. 2. 어취를 다양한 방법으로 제거할 수 있다. 3. 손질된 복어를 튀김용으로 밑간할 수 있다.
	2. 복어 튀김옷 준비하기	1. 박력분 밀가루를 이용하여 튀김옷을 만들 수 있다. 2. 전분을 이용하여 튀김옷을 만들 수 있다. 3. 밀가루와 전분을 혼합하여 튀김옷을 만들 수 있다.
	3. 복어 튀김조리 완성하기	1. 튀김용 기름의 온도와 양을 조리 용도에 맞게 조절할 수 있다. 2. 양념된 복어살과 뼈를 기름에 조리 용도에 맞게 튀겨 낼 수 있다. 3. 튀긴 복어를 제시된 모양으로 담아낼 수 있다.
6. 복어 찜 조리	1. 복어 술찜 준비하기	1. 복어 살을 용도에 맞게 전처리할 수 있다. 2. 복어 살을 술찜용으로 재단 할 수 있다. 3. 부재료를 술찜 용도에 맞게 준비할 수 있다.
	2. 복어 수육 준비하기	1. 복어 살을 수육용에 맞게 재단을 할 수 있다. 2. 부재료를 수육 용도에 맞게 준비할 수 있다. 3. 복어 살을 수육 용도에 맞게 밑간할 수 있다.
	3. 복어 술찜 완성하기	1. 준비된 복어 술찜 재료를 술찜할 수 있도록 용기에 담을 수 있다. 2. 복어 술찜 국물을 용도에 맞게 만들 수 있다. 3. 술찜 조리 특성에 맞게 불의 강약을 조절할 수 있다.
	4. 복어 수육 완성하기	1. 복어 종류별로 찌는 시간을 조절할 수 있다. 2. 수육용 부재료를 시점에 맞게 넣을 수 있다. 3. 복어 수육을 제시된 모양으로 담아낼 수 있다.
7. 복어 선별 · 손질관리	1. 복어 종류 구별하기	1. 복어를 종류별로 구별하고 특성을 설명할 수 있다. 2. 계절별로 어획되는 복어의 특성을 설명할 수 있다. 3. 복어를 원산지별로 구별하고 특성을 설명할 수 있다.
	2. 복어 선도 구별하기	1. 관능검사의 방법을 나열할 수 있다. 2. 관능검사의 방법을 종류별로 설명할 수 있다. 3. 관능검사를 통해 복어의 신선도를 판별 할 수 있다.
	3. 저장·관리하기	1. 수족관의 염도와 온도를 조절할 수 있다. 2. 수족관 내 복어의 활어 상태를 유지시킬 수 있다. 3. 저장온도를 조절하여 복어의 신선도를 유지시킬 수 있다.
	4. 기초 손질하기	1. 복어를 위생적으로 세척할 수 있다 2. 복어의 점액질을 제거할 수 있다. 3. 복어를 부위별로 분리할 수 있다.
	5. 식용 부위 손질하기	1. 가식과 불가식 부위를 정확하게 구분할 수 있다. 2. 가식 부위를 조리용도에 맞게 손질할 수 있다. 3. 불가식 부위를 안전하게 분리할 수 있다.
	6. 제독 처리하기	1. 복어의 독이 인체에 미치는 영향을 상세히 설명할 수 있다. 2. 복어의 독성이 있는 부위를 정확하게 분류할 수 있다. 3. 복어의 독을 안전하게 제거할 수 있다.

주요항목	세부항목	세세항목
7. 복어 선별 · 손질관리	7. 껍질 작업하기	1. 복어를 겉껍질과 속껍질로 분리할 수 있다. 2. 복어 껍질의 점액질과 핏줄을 제거할 수 있다. 3. 복어 껍질의 가시를 제거할 수 있다. 4. 복어 껍질을 삶은 후 용도에 맞게 건조시킬 수 있다.
	8. 독성 부위 폐기하기	1. 복어 독성의 위험성을 설명할 수 있다. 2. 복어 전용 분리수거용기를 준비할 수 있다. 3. 복어의 독성 부위를 안전하게 폐기할 수 있다.
8. 복어 회 국화모양 조리	1. 복어 살 전처리 작업하기	1. 복어살이 뼈에 붙어있지 않게 분리할 수 있다. 2. 복어살에 붙은 엷은 막을 제거할 수 있다. 3. 제거한 복어살을 회 장식에 사용할 수 있다. 4. 복어살의 어취와 수분을 제거할 수 있다.
	2. 복어 회 뜨기	1. 복어살을 일정한 폭과 길이로 자를 수 있다. 2. 복어 회의 끝부분을 삼각 접기할 수 있다. 3. 복어 회를 국화 모양으로 만들 수 있다.
	3. 복어 회 국화모양 접시에 담기	1. 복어 회를 얇게 포를 뜰 수 있다 2. 복어 지느러미를 완성접시에 국화모양으로 만들어 담을 수 있다. 3. 실파, 미나리, 겉껍질, 속껍질 등 곁들임 재료들을 완성접시에 제시된 모양으로 담을 수 있다.
9. 복어 샤브 샤브 조리	1. 복어 맛국물 만들기	1. 맛국물을 내기 위한 전처리 작업을 할 수 있다. 2. 다시마로 맛국물을 낼 수 있다. 3. 복어 뼈로 맛국물을 낼 수 있다.
	2. 복어 샤브 샤브 준비하기	1. 복어를 샤브샤브 용도로 재단할 수 있다. 2. 채소, 두부, 복떡 등 부재료를 복어 샤브샤브용으로 손질할 수 있다. 3. 고춧가루, 무, 간장, 레몬, 식초로 양념장을 준비할 수 있다. 4. 복어 샤브샤브용기를 선별할 수 있다.
	3. 복어 샤브 샤브 완성하기	1. 조리별 익히기 순서를 설명할 수 있다. 2. 복어를 샤브샤브 용도에 맞게 익힐 수 있다.
10. 복어 맑은탕 조리	1. 복어 맛국물 만들기	1. 맛국물을 내기 위한 전처리 작업을 할 수 있다. 2. 다시마로 맛국물을 낼 수 있다. 3. 복어 뼈로 맛국물을 낼 수 있다.
	2. 복어 맑은탕 준비하기	1. 복어를 맑은탕 용도로 재단할 수 있다. 2. 채소, 두부, 복떡 등 부재료를 복어 맑은탕용으로 손질할 수 있다. 3. 고춧가루, 무, 간장, 레몬, 식초로 양념장을 준비할 수 있다. 4. 복어 맑은탕 용기를 선별할 수 있다.
	3. 복어 맑은탕 완성하기	1. 조리별 순서에 맞게 조리할 수 있다 2. 복어 맑은탕 용도에 맞게 익힐 수 있다.

주요항목	세부항목	세세항목
11. 복어 초밥 조리	1. 복어 초밥용 밥 짓기	1. 초밥용 쌀을 선별할 수 있다. 2. 쌀을 초밥용으로 씻을 수 있다. 3. 씻은 쌀을 초밥용 된밥으로 지을 수 있다.
	2. 복어 배합초 만들기	1. 배합초 재료를 초밥용으로 준비할 수 있다. 2. 배합초 만드는 순서를 설명할 수 있다. 3. 준비된 재료로 초밥용 배합초를 만들 수 있다.
	3. 복어 초밥 준비하기	1. 복어 살을 뼈와 분리하여 주재료를 준비할 수 있다. 2. 복어 살에 붙은 얇은 막을 손질할 수 있다. 3. 복어 살의 어취와 수분을 제거할 수 있다. 4. 복어 살을 초밥용으로 포 뜰 수 있다.
	4. 복어 초밥 만들기	1. 초밥용 밥의 온도를 일정하게 유지할 수 있다. 2. 고추냉이를 초밥 용도에 맞게 준비할 수 있다. 3. 초밥용 밥과 주재료로 복어 초밥을 만들 수 있다.
12. 복어 껍질 초회조리	1. 복어 껍질 준비하기	1. 복어껍질의 가시를 완전히 제거할 수 있다. 2. 손질된 복어껍질을 데치고 건조시킬 수 있다. 3. 건조된 복어껍질을 초회용으로 채 썰 수 있다.
	2. 복어초회 양념 만들기	1. 재료의 비율에 맞게 초간장을 만들 수 있다. 2. 양념재료를 이용하여 양념을 만들 수 있다. 3. 초간장과 양념으로 초회 양념을 만들 수 있다.
	3. 복어 껍질 무치기	1. 재료의 배합 비율을 용도에 맞게 조절할 수 있다. 2. 채 썬 복어껍질을 초회 양념으로 무칠 수 있다. 3. 복어껍질초회를 제시된 모양으로 담아낼 수 있다.
13. 복어 구이 조리	1. 부위별 주재료 준비하기	1. 복어 갈비와 복어 불고기에 필요한 부위를 준비할 수 있다. 2. 청주, 레몬, 유자 등으로 복어의 어취를 제거할 수 있다. 3. 수분 제거한 복어 갈빗살에 잔 칼집을 내어 썰 수 있다. 4. 수분 제거한 복어 살을 불고기용으로 썰 수 있다.
	2. 복어 갈비 양념하기	1. 복어 갈비용 양념 구성 재료를 준비할 수 있다. 2. 준비된 재료로 복어갈비용 양념장을 만들 수 있다. 3. 복어 갈빗살이 숙성되도록 양념장에 재울 수 있다.
	3. 복어 불고기 양념하기	1. 복어 불고기용 양념 재료를 준비할 수 있다. 2. 준비된 재료로 복어불고기용 양념장을 만들 수 있다. 3. 복어 불고기 살이 숙성되도록 양념장에 재울 수 있다.
	4. 복어 구이 조리 완성하기	1. 복어 갈비를 타지 않게 구울 수 있다. 2. 복어 불고기를 타지 않게 볶을 수 있다. 3. 조리 과정에서 순서에 맞게 부재료를 넣을 수 있다.

일식조리기능사 실기 과제

일식조리기능사

문어초회(20분)

해삼초회(20분)

갑오징어명란무침(20분)

된장국(20분)

도미머리 맑은국(30분)

대합 맑은국(20분)

도미조림(30분)

달걀찜(30분)

도미술찜(30분)

달걀말이(25분)

삼치소금구이(30분)

소고기간장구이(20분)

전복버터구이(25분)

우동볶음(30분)

메밀국수(30분)

소고기덮밥(30분)

김초밥(25분)

생선초밥(40분)

참치김초밥(20분)

복어조리기능사 실기 과제

복어조리기능사 복어회 · 복어껍질초회 · 복어죽(조우스이)
복어조리산업기사 복어회 · 복어맑은탕 · 복껍질굳힘(니코고리)
조리기능장 복어회 · 복어죽(조우스이) · 복어맑은탕 · 복껍질굳힘(니코고리) · 복튀김

복어회

복어껍질초회

복어죽(조우스이)

복어맑은탕

복껍질굳힘(니코고리)

복튀김

복어초무침

NCS 일식·복어 조리기능사 대비

일본요리입문 목차

제1장 이론 편

제2장 실기 편

제3장 일본요리 편

제4장 복어 편

제1장

이론 편

식재료 자체가 가진 본래의 맛을 중요시하는 일본요리는 계절에 따른 식재료의 선택에 공을 들이고, 선별한 식재료의 맛과 향, 색감을 살려 섬세하고 아름답게 조리하여 조화롭고 세련되게 그릇에 담아 눈으로 먼저 먹고, 입으로 식재료 본연의 맛을 음미하도록 차려내는 음식이다. 또한 일본 고유의 음식에 외국에서 들어온 식재료와 조리법을 수용하여 일본풍의 새로운 요리를 탄생시켜, 전 세계인에게 각광받는 음식으로 끊임없이 발전시키고 있는 음식이기도 하다. 일본요리를 이해하고 앞으로 앞으로의 변화를 예측하기 위해서라도 일본의 음식문화와 조리법에 대해 지식이 필요하다고 하겠다.

1. 일본의 지리적 배경

일본의 자연 환경은 일본 열도라고 불리는데서 알 수 있듯이 혼슈(本州), 시코쿠(西國), 규슈(九州), 홋카이도(北海道) 등 4개의 주요 섬과 많은 부속 섬들로 이루어졌다. 면적은 37만 7,915km^{2}로 한반도의 약 2배 정도이며, 약 70%가 산간 지역이 많아 평야가 적다. 현재의 일본 열도가 형성된 것은 지금으로부터 약 1만 년 전으로 마지막 빙하기가 끝날 무렵 빙하의 융해로 낮은 곳이 침수되어 대륙과의 사이에 바다가 생기면서 분리되었다.

일본 열도는 지질시대의 침강과 융기가 심하여 호수가 많고, 해안선이 복잡하다. 이로 인해 항구와 어항이 발전하였고, 복잡한 해저의 지형과 지질로 인해 다량의 플랑크톤과 해조가 자랄 수 있어 어업자원이 풍부하다. 또한 북상(北上)하는 난류인 쓰시마해류와 연해주에서 남하(南下)하는 한류인 리만(liman)해류가 동해 쪽에서 만나 일본 근처에 무려 3,380종류의 해양성 동식물이 서식하여 국토 전체가 어장으로 둘러싸여 있다. 세계 3대 어장 중 하나인 일본은 일 년 내내 신선한 어족자원을 식재료로 이용할 수 있다.

기후는 대체로 온대몬순의 특징을 나타내지만 일본 열도는 북위 20°에서 45° 부근에 이르기까지 약 3,000km에 이르는 남북으로 길게 위치하고 있기 때문에, 아열대에서 한대로 남북 간의 기후 차이가 크다. 사계절의 구분이 뚜렷하고 여름에는 고온다습하고 겨울에는 동북지역의 기온이 매우 낮으며, 복잡한 지형과 해류에 의한 영향 지역차가 크기 때문에 계절마다 다양한 농산물이 생산된다. 그러나 대부분의 지역은 해양성의 온난한 기후로 태평양 쪽에서는 여름이면 남동 계절풍이 불어 매우 무덥고, 겨울에는 대륙으로부터의 북서 계절풍에 의해 눈이 많이 온다.

[일본지도]

2. 일본요리의 특징

일본음식이란 일본 풍토에서 독특하게 발달하여 온 일본인이 먹는 일상 요리의 총칭이다.

'요리를 하지 않는 것이야 말로 최고의 요리'라고 하는 가치관을 가지고 있어 식재료가 자연에 가까운 상태로 먹는 것이 최고라고 생각해왔기 때문에 전통적인 일본 요리에서는 재료 자체가 가지는 자연스러운 맛을 최대한으로 살리는 데 중점을 두고 있다.

조미료 등을 넣어 맛을 첨가하는 것이 아니고, 식재료가 가지고 있는 본래의 맛과 멋을 재료 내부로부터 이끌어 내도록 노력하는 요리로, 가능한 가공하지 않고 식재료 그 자체의 맛을 최대한 즐기기 위해 재료의 신선도를 특히 중요시 여긴다. 풍부한 어족자원과 더불어 사계절이 뚜렷하여 생산되는 식재료가 다양하고, 이를 이용해 맛이 담백하며 색채와 모양이 아름답고 풍미가 뛰어난 음식을 만드는 것이 특징이다. 특히 재료 자체가 가지고 있는 맛과 멋을 최대한 살리며, 계절감을 음식으로 나타내는 것을 중요시한다.

(1) 일반적인 특징

1) 밥과 반찬으로 이루어진 기본 상차림

① 쌀이 주식이며 국물음식과 생선, 채소, 콩 등의 부식인 반찬으로 구성된 즉, 국 1가지와 반찬 3가지로 차려진 1즙3채(一汁三菜)의 상차림이 기본이다.

② 식사 때 미소(味噌, みそ)라는 된장국을 가장 자주 먹으며, 여러 가지 채소를 소금·식초·된장·술지게미 등에 절여서 발효시킨 츠케모노(漬物, つけもの)를 먹는다.

③ 식단은 식재료와 조리법이 중복되지 않도록 서로 다르게 구성한다. 밥과 국, 그리고 절임류를 기본으로 슈사이(主菜)와 후쿠사이(副菜)로 이루어진 1즙3채(一汁三彩)이다.

2) 식재료 자체의 맛을 살리는 조리법

① 식재료는 그 자체의 맛을 살리도록 가능한 최소한의 가공만으로 조리한다.

② 다시마와 가쯔오부시(가다랑어포)를 우린 기본 국물인 다시(だし)를 이용해 향과 감칠맛을 낸다.

③ **조미료는 간장, 소금, 설탕, 식초, 조리용 술**(미림, 청주), 된장을 주로 사용한다.

④ 식재료 본래의 맛을 살리기 위해서 향신료를 진하게 쓰지 않는다.

3) 계절감과 미적(美的) 감각

① 사계절이 뚜렷해 모든 음식에 있어서도 계절감을 상당히 중요시 여긴다. 따라서 식재료의 제철(旬)에 대한 개념이 분명하며 이를 음식을 조리하는 적용한다.

② 식재료를 이용하여 섬세한 장식을 만들어 음식을 아름답게 장식하여 눈으로 먼저 감상하고 먹는 경향이 있다.

③ 그릇의 재질과 크기를 다양하게 사용하며, 음식의 종류에 따라 식기의 재질뿐만 아니라 모양도 달라진다. 음식 담는 법, 음식과 그릇 색의 조화, 함께 차려 내는 다른 그릇, 식사도구와의 조화까지도 고려해 정성을 다해 담는다.

4) 풍부한 해산물 음식과 짧은 육식(肉食)의 역사

① 지리적으로 여러 해류가 지나가는 섬나라 일본은 풍부한 어장에서 구할 수 있는 연중 다양하고 신선한 해산물을 이용한 음식이 발달하였다.

② 불교의 영향으로 오랜 기간 육식을 금기시하여 육식요리의 역사는 매우 짧으나, 메이지 유신 이후 외국의 음식 영향을 받아 크게 발전하였다.

5) 다양한 식기와 담는 법

① 음식을 만드는 것만큼 아름답게 담는 것 또한 중요시 여긴다.

② 식기는 기본적으로 1인분씩 따로 쓰고(銘銘膳), 음식은 먹을 만큼만 소량으로 담는다.

③ 음식의 종류나 계절에 따라 식기의 재질은 도자기, 칠기, 대나무, 유리 등에 음식과 조화를 이루도록 다양하게 담는다.

④ 젠(膳, 밥상) 위에 완(椀, 주발), 하치(鉢, 사발), 사라(皿, 접시) 등의 그릇 등이 사용되고 젓가락만으로 음식을 먹는다.

6) 외국음식의 수용(和魂洋才의 정신)

① 전통적인 일본의 식재료와 조리법에 외국에서 들어온 식재료와 조리법을 융합하여 사용한다.

② 외국음식의 식재료와 조리법을 일본 고유의 방식으로 재해석하여 응용·적용시켜, 세계인들의 입맛에 잘 맞는 일본음식으로 발전시키고 있다.

(2) 지역별 특징

1) 관서요리(関西料理, かんさいりょうり, 칸사이요리)

일본 고유의 전통적인 요리로 카미카타요리(上方料理, かみがたりょうり)라고도 부른다. 교토(京都), 오사카(大阪)를 중심으로 발달한 요리이다. 차를 마시는 행사인 다과회(茶会)에 내는 요리에서 시작되어 분파된 회석요리(懐石料理) 및 연회용 요리인 회석요리(会席料理), 준비가 되는 대로 한 가지씩 내놓는 요리인 갓포요리(割烹料理) 등과 영향을 주고 받으며 함께 발전하였으며, 요리와 더불어 유명한 교토의 칠기와 도자기 식기가 더욱 더 요리를 아름답게 돋보이고 있다.

실용적이고 합리적인 생선요리 중심의 오사카(大阪), 담백한 채소나 건어물 요리가 주종인 교토(京都)의 요리로 에도요리에 비해 긴 역사를 가지고 있으며, 식재료의 색과 맛, 형태를 그대로 살려 조리하며, 완성된 음식의 모양이 아름다운 편이다. 연한 맛을 내는 간장을 사용하여 식재료의 맛을 최대한 살리도록 조리하고, 국물이 많은 편이 특징이다.

분지 모양의 지형인 교토는 지하수가 풍부하며 채소와 두부(豆腐)의 생산에 적합하며 이를 이용한 요리가 발달하였으나, 지리적으로 신선한 해산물이 부족했기 때문에 말린 생선 등의 건어물과 저장 식품을 많이 이용하였다. 또한 장기 수송에 견딜 수 있는 오시즈시(押し寿司, 누름 초밥)와 생명력이 강한 갯장어(鱧)를 이용한 요리가 개발되었다. 에도시대의 경제와 물류의 중심지였던 오사카의 세토우치(瀬戸内, 일본 오카야마현에 있는 도시)는 풍부한 해산물과 근처에서 생산된 채소와 더불어 일본 전국의 식재료의 집산지가 되어 "일본의 부엌「諸国之台所」"이라고 평가될 정도로 식재료가 풍부하였다.

2) 관동요리(関東料理, かんとうりょうり, 칸토우요리)

도쿄지방을 중심으로 발달하였으며 예전의 명칭을 따라 에도요리(江戸料理, えどりょうり)라고 한다. 무가(武家) 및 사회적으로 지위가 높은 사람에게 제공하기 위한 의례음식이 주로 발달하여 왔다. 설탕과 주로 진한 맛의 진간장을 조미료로 주로 이용하기 때문에 단맛이 강하고 진하며, 짜고 농후(濃厚)한 맛이 특징이다. 이는 거친 토양과 수질이 관서지방에 비해 거칠고 좋지 않아 식재료 본연의 맛을 살리기 어려운 것이 기인된 것이라 전해지고 있다. 관동지방의 조림의 특징으로는 짭짤하고 형태를 유지하기 어려우며 거의 국물이 없다. 대표적인 음식으로는 어패류를 이용한 생선초밥, 덴뿌라, 민물장어, 메밀국수가 있다.

에도는 정치의 중심지로 일본 전역의 산물과 조리법이 에도로 반입되었다. 특히 해산물이 풍부하기 때문에 생선회(刺身)나 쥠초밥(握り寿司)처럼 신선한 어패류를 이용한 음식이 많다. 에도시대에는 항구에서 풍부하게 채취한 해산물을 에도마에(江戸前)라고 불렀고 이는 신선도와 산지를 중요시하는 에도요리의 특징이 되었으며, 무가사회(武家社会)를 중심으로 핫슨(八寸) 및 구찌도리(口取り)로부터 시작하는 본선요리(本膳料理)가 만들어 졌다.

에도시대 중기 이후 상인(町人)들에 의해 에도요리가 발달하기 시작하였고, 부유한 계층을 상대로 한 고급 요정에서부터 메밀국수(蕎麦)나 덮밥(丼物) 등 서민의 맛까지 다양한 음식이 나타났다. 지방 출신의 독신자가 많았던 에도에서는 메밀국수(蕎麦)나 튀김(天ぷら) 등의 야타이(屋台, 노점 행상점포)가 번창했다. 기본 국물(出汁)은 가다랑어 국물(鰹出汁)을 특히 선호하였다. 에도시대부터 조미료로 간장이 본격적으로 이용되어, 에도 근처에서 진간장(濃口醤油)이 대량 생산되어 공급이 가능해지고, 조림인 츠쿠다니(佃煮, 어패류, 해초, 채소 등을 간장, 설탕으로 달짝지근하게 조린 것) 등은 신선한 재료를 사용하여 진간장(濃口醤油)과 설탕(砂糖) 이외의 불필요한 양념을 더하지 않았고, 오리쯔메(折り詰め)라고 불리는 선물용 요리가 발달하였다.

3. 일본요리의 역사

일본요리는 나라시대(奈良時代, 710~794)에는 당(唐)나라의 영향을 받아들이면서 사상, 종교, 식사양식 등에 있어서 일본요리의 기초가 마련되었고, 일본음식의 형식적인 측면에서 완성된 것은 에도시대(江戸時代, 1603~1867)이다. 근대에 들어서 화혼양재(和魂洋才, 일본의 전통적 정신을 뜻하는 "화혼", 서양의 기술을 뜻하는 "양재"로 일본 고유의 혼(魂)에 서양의 (혼)이고 서양의 기술과 능력인

재(才)를 더한다는 일본 근대화 시기의 구호)의 정신을 바탕으로 여러 외국의 새로운 문물의 영향들이 더해지고 많은 변화를 거쳐 지금의 일본음식이 되었다.

일본요리의 시대적 변천		
제1기	자연물 잡식시대 (일본문화의 발생~기원전 후)	죠몬시대(縄文時代)
제2기	주식·부식 분리 및 농경 개시 (기원 전후~7세기)	야요이·고훈·야마토시대(弥生·古墳·大和時代)
제3기	당나라 음식의 모방시대 (8~12세기)	나라·헤이안시대(奈良·平安時代)
제4기	일본 음식 발달시대 (13~16세기)	가마쿠라·무로마치시대(鎌倉·室町時代)
제5기	일본 음식 완성시대 (17~18세기)	아즈치·모모야마시대(安土·桃山時代), 에도시대(江戸時代)
제6기	일본·서양 음식의 혼합시대 (19세기~현재)	메이지·다이쇼·쇼와시대(明治·大正·昭和時代)

(1) 자연물 잡식시대(일본문화의 발생~기원전 후): 죠몬시대

죠몬시대(縄文時代)에는 석기를 사용하여 수렵과 채집활동으로 구해진 자연 상태 그대로의 식재료가 고대 일본의 주된 식량이었다.

약 6천여년에 걸친 승문식토기시대(縄文式土器時代, 기원전 6,000년~서기 200년)에는 공동생활과 자연물 채집과 사냥을 하였고, 대부분 익히지 않은 채 생식하거나 일부 조리를 할 때 석기를 사용하였지만 농사를 한 흔적은 찾아볼 수 없다. 초기에는 곡물·어패류·해조류·채소류·수조육류 등을 주로 익히지 않고 생식을 하였으나, 후기로 내려오면서 일부 구워서 먹었을 것으로 추정된다.

(2)주식·부식 분리 및 농경 시대(기원 전후~7세기): 야요이·고분·야마토시대

야요이(弥生)·고분시대(古墳)·아스카(飛鳥)시대로, 금속기를 사용하였고 도작(벼농사) 농업을 시작하여 주 생업을 농경에 의존하게 되었다. 농경으로 인해 안정적인 식량공급이 이루어지면서 식생활이 안정되었다. 이로 인해 차츰 부의 축적으로 인한 빈부의 차가 생겼으며, 귀족과 농노계급이 분리되고, 씨족제도가 완성되었다. 특히 중국에서 전해진 불교와 유교 및 여러 가지 문화가 한반도를 거쳐 일본으로 유입되면서, 한반도의 식생활을 상류사회가 받아들여 모방하였고, 계급의 고하에 따라 식생활의 차이를 나타내기 시작하였다.

야요이 토기시대(弥生式土器時代, 3~4세기경)에는 쌀, 보리 등의 농산물들을 재배하여, 안정적으로 주식의 곡물이 공급되자, 늘상 먹는 주식과 부수적인 먹거리인 부식이 분리된 때이기도 하다. 향신료로 산초가 이용되기 시작했고, 아마즈라(あまずら, 담쟁이, 돌외)라는 식물의 즙을 감미료로 사용되었다. 금속으로 만들어진 도구는 청동기와 철기를 동시에 사용한 것이 특징이나, 조리도구로서는 토기, 석기, 목기 등을 사용하였다.

야마토시대(大和時代, 3세기 말~7세기 중엽)에는 농업이 촉진되고, 밭의 개인 소유가 시작되었다. 씨족사회(氏族社會)로 가부장적(家父長的) 제도가 있었으며, 귀족(貴族)과 농노(農奴)의 계급이 분명하였다. 식재료(食物)의 가공이 시작되었고, 발효식품인 감주(甘酒)나 탁주(濁酒), 그리고 히시오(醤, ひしお)라고 하는 간장 등이 사용되었다. 동물성 식품으로 산이나 들짐승인 사슴, 산돼지, 원숭이, 토끼, 여우, 살쾡이 등을 먹었고, 조류로는 산새, 학, 기러기, 오리, 도요새 등과 어류인 도미, 농어, 참치, 다랑어, 오징어, 문어, 게, 은어, 붕어, 잉어와 패류로는 전복, 대합, 소라, 굴, 섬게, 해삼류 등을 식재료로 이용하였다.

(3) 당나라 음식의 모방시대(8~12세기) : 나라·헤이안시대

중국의 수(隨)나라, 당(唐)나라와 정식으로 수교하고 그로 인해 중국의 영향이 직접적으로 일본문화에 두드러지게 나타나게 된 이 시기이며 주로 나라·헤이안시대(奈良·平安時代)에 해당된다. 중국 대륙의 문화가 직접 들어와 이 시대 일본 사회나 문화 형태에 많은 영향을 주었다. 특히 상류사회는 당풍(唐風)으로 기울어지면서 귀족식이 형성되었으나 서민의 생활은 거의 전 시대와 변함이 없었으며, 귀족과 서민의 식생활의 차이가 점점 커졌다.

나라시대(奈良時代, 710~794년)에는 당나라와 정식 국교가 시작되어 상류층에서는 정치, 경제, 문화 등의 모든 분야에서 당(唐)나라를 모방하게 되었고, 바로 이전 시대에 유입된 불교의 영향으로 일절 육식(肉食)을 금하기도 하였다. 설탕이나 참기름 등이 조미료로 쓰이기 시작하였으며, 매실에서 식초를 얻고, 향신료로는 와사비와 생강순을 사용하였다. 생선은 주로 날것으로 먹기도 하고 한편으로는 밥과 소금을 넣어 발효시킨 것도 있었다.

헤이안시대(平安時代, 794~1185년)에는 귀족과 서민의 식생활의 차이가 현저히 나타나, 귀족은 중국풍, 서민은 여전히 이전 시대의 식생활을 보였다. 음식은 조미(調味)나 영양(榮養)보다는 담는 것에 신경을 쓰고 눈으로 보는 아름다운 요리를 중요시 여기게 되었다. 이러한 기풍이 후대의 일본요리의 형식적 기초가 되었으며, 접대용 연회 음식 등이 발전하기 시작하였다. 장아찌나 어묵은 이 시대부터 먹기 시작하였다.

(4) 일본음식 발달시대(13~16세기): 가마쿠라·무로마치시대

가마쿠라시대(鎌倉時代, 1185~1333년)는 무사계급의 세력이 커지면서 수렵을 대규모의 수렵이 나타나게 되어 고기(육식)를 부식으로 하는 풍습이 재현되었고, 당풍(唐風)모방의 범위를 벗어나 일본적인 식생활이 나타나게 된다. 일본요리가 발달하기 시작하여 이전 시대에 비해 식사에 관해서는 형식적인 것에 덜 치중하게 되어 간소하지만 자유롭게 요리를 선택할 수 있게 되었다. 불교의 영향을 받아 전래된 정진요리(精進料理)와 중국의 영향을 받은 보차요리(普茶料理)가 독자적으로 발전한 시기이다.

후기의 무로마치시대(室町時代, 1336~1573년)에는 정식 향응요리로 본선요리(本膳料理)가 일본요리로서 중요한 위치를 잡았으며, 본선요리의 발전과 더불어 차(茶) 보급과 함께 차를 마시기 위한 회석요리(懷石料理)가 등장하여 차(茶) 마시기를 중심으로 하는 일본의 음식문화가 일상화 되었다. 말기에 이르러서는 중국에서 만두와 두부가, 서구에서는 사탕 등이 수입되었고, 된장(味噌)와 간장(醤油) 같은 조미료의 제조가 활발해 지는 등 일본풍의 식품이나 일본 고유의 식생활로 발전하는 시대이다.

(5) 일본음식 완성시대: 아즈치·모모야마시대(17~18세기), 에도시대(1603~1867년)

무사(武士, ぶし)계급이 완전히 귀족화되었고, 한편으로는 상인계층이 경제적으로 세력을 가지게 되었던 때이므로, 무사와 상인 두 계급의 기호와 풍습이 함께 어울린 식생활이 형성된다. 더욱이 중국풍, 서구풍의 식생활이 받아들여졌고 드디어 겐로쿠시대(元禄時代, 1688~1704)에 일본음식이 완성되었다. 세 끼의 식사횟수가 1일 3식의 형태로 상하 모든 계급에게 일반화되었다. 채식을 주로 하고 육식을 배척하며 식재료에서 생선이 중시되고, 정교하고 섬세한 미각과 아름다운 상차림과 더불어 정진요리(精進料理)가 존중되는 일본식 식생활이 완성된다. 기호품인 술, 담배, 차, 사탕이 보급되고 각종 절임류도 완성되었다. 아즈치·모모야마시대(安土·桃山時代, 1568~1603년)는 토요토미 히데요시(豊臣秀吉)가 대부분 집권하던 시대로, 일본고유의 문화가 발전한 무사시대이다. 무로마치시대에 시작된 다도(茶道)를 기반으로 시작된 차회석요리(茶懷石料理)가 확립이 되고, 서양의 영향을 받은 남만요리(南蛮料理, 파를 쇠고기나 닭고기에 생선 등을 섞어서 졸인 음식)가 유입되며 일본요리가 발전하였다.

에도시대(江戸時代)부터 영양, 소화, 진료, 보건, 질병예방 등의 지식이 식생활 속에서 조금씩 나타나게 되었다. 이때에는 각 시대의 모든 요리를 바탕으로 이제까지 발전되어 온 일본요리가 가장 융성한 시기이다. 새로운 형태의 연회용 요리인 회석요리(会席料理)가 발달하였다.

(6) 일본·서양음식의 혼합시대(19세기~현재): 메이지·다이쇼·쇼와시대

메이지유신(明治維新, 1868)으로 개국화친, 문명개화 정책이 채택되어 서구유럽 문화를 적극적으로 수용한 시대이다. 따라서 그 풍조가 식문화에도 두드러지게 나타나 빵, 우유, 버터, 치즈, 커피 등 서양식 식품의 유입과 함께 서양풍의 조리법과 식기 및 도구, 식사방식 등이 수입되면서 당시의 일본과 서양풍습이 뒤섞인 식생활을 형성하게 된다. 이전까지의 일본의 식문화는 미각(味覺), 시각(視覺), 관례(冠禮), 의례(儀禮) 등에 중점을 둔 형식적인 면이 두드러졌으나, 이 시기에 이르면 서양의 영향으로 체력을 중시하는 생각에서 영양과 소화 등에 중점을 둔 근대적 음식문화 시대를 맞이하게 된다. 특히 제2차 세계대전 이후 빵과 우유의 영양급식은 청소년의 체위 향상에 많은 영향을 주어 빵과 우유를 한층 중요시하는 식생활이 전국으로 보급되었다.

메이지·다이쇼시대(明治·大正時代, 1868~1926년)는 메이지 천황을 중심으로 근대적 개혁과 발전을 이루었다. 문명개화와 함께 급격히 외국 요리가 들어오면서 일본의 식생활에 엄청난 변화를 일으켰다. 그동안 금기시 해 오던 육류 식품 사용이 가능해지고, 수입식품과 서양식 조리법이 보급되었으며, 각종 유제품과 빵, 서양 요리 등을 받아 들여 독특한 형태로 발전시킨 시기이다. 프랑스 요리가 도입되어 서양음식점이 영업을 시작하였다.

정식 직업은 아니지만 가사(家事) 종사자로서의 전업주부가 나타났으며 여성의 식생활 교육을 통해 식생활의 합리화, 서구화를 추진하였다. 과거의 일본식 식단에서 서양풍 요리를 도입한 일식과 양식을 절충한 가정요리를 적극적으로 보급하였다.

제2차 세계대전 이전(1925~1945년)에는 메이지유신 이후 문명개화 운동의 하나로서 서양식 식품과 요리, 또는 조리법이 정부 방침으로 수입되었다. 백화점 식당에 일본식·서양식·중국식 요리가 등장하였으며, 지방의 역이나 여관을 중심으로 음식점들이 생겨났고, 가정요리의 재료까지도 서양식과 중국식으로 변화되고 있었다. 에도시대에 완성된 평균적인 일본인 식사의 기본은 식사는 신분을 불문하고 1일 3식이며 개인상을 사용하는 개인식(個人食, 한사람씩 상을 차리는 것)이 일반적이었다. 식사 때는 장소에 서열이 있고, 주식과 부식의 내용이 서열에 따라 달라지는 등 식사를 통하여 질서와 규율이 지켜지고 교육이 이루어졌다. 그러나 차츰 공업생산량이 농업생산량을 앞지르는 산업구조의 변화로 급여생활자 중심의 중산층이 늘어나고, 외국의 영향을 받은 가정요리가 일반 가정에 선보였으며, 정해진 시간에 가족 전원이 같은 식탁에서 식사를 하는 새로운 형식이 나타났다.

제2차 대전 종전 후(1945~)에는 식량부족이 사회적인 문제가 되었으나 미국으로부터 다량의 식품(주로 옥수수와 밀가루), 조미료(설탕 등)를 공급받아, 일본인의 식생활에 변화가 생겨났다. 빵이 밥보다 영양이 좋다고 선전하기도 하였으며, 서양식 과자도 유행하게 되었다. 그러나 된장, 두부, 김 등의 일본 고유의 식재료 소비량은 감소하지 않았고, 간장 등을 해외로 수출하는 등 일본의 맛을 세계로 알려지게끔 하였다.

또한 주택구조에서도 '먹는 곳과 자는 곳이 분리(食寢分離)'의 개념이 도입되어 식사 전용 공간을 침실과 겸용하지 않는 구조로 변화되었다. 다다미방의 낮은 밥상에서 식사하던 것에서 의자에 앉아 테이블 위에서 먹는 형식으로 바뀌었다. 이러한 주택의 구조변화는 주방에서 조리된 뜨거운 음식을 곧바로 식탁에 내어 가족과 함께 먹을 수 있게 되었고, 이는 가정요리와 조리법에 서구적 변화를 가져오게 하였다. 프로판 가스의 보급과 조리기구가 전자식으로 변화하고, 냉동식품 및 캔 제품의 등장 등으로 일본의 식생활 문화에 큰 변화 및 발전을 가져다주었다.

4. 일본요리의 형태와 변천

(1) 대향요리(大饗料理, たいきょうりょうり, 타이쿄요리)

일본 고대의 요리 양식에 대해서는 불명한 부분이 많아 현재 알 수 있는 범위에서 가장 오래된 요리 양식이다. 궁중에서 궁중행사 의식이나 대신 임관 등의 행사가 행해진 연회요리를 말한다. 다만 이 시대는 요리라고는 해도 가장 원시적인 형태로 생물(生物)이나 건어물 등의 식재료 자체를 썰어 늘어놓은 것들로 밤, 마른 감 등의 과자, 전복찜, 연어요리 이외에도 잉어나 농어 등도 이용되었다. 조미료는 소금(塩), 식초(醋), 간장(醬油), 술(酒) 등이 이용되었고 이 조미료도 신분의 차이가 있어 신분이 높은 사람은 히시오(醬) 등을 포함해 여러 종류가 있었지만 신분이 낮은 사람은 소금과 식초뿐이었다. 제공되는 음식 자체에 조미를 한다기보다 먹을 때 자신의 앞에 담긴 소금이나 식초 혹은 간장 등의 조미료를 각자 취향에 맞게 스스로 첨가하여 먹었다. 담는 그릇도 은이나 동제 등의 그릇을 사용하였고 젓가락과 더불어 가마쿠라시대 이후에 점차 일본요리에서 사라지는 숟가락이 아직은 존재하였으며, 각 요리를 담은 그릇의 크기가 비슷하고 요리의 서열이 뚜렷하지 않았다.

(2) 정진요리(精進料理, 쇼진요리, しょうじんりょうり)

불교의 선종 승려들에 의해 시작된 요리로 불교사상(佛敎思想)을 기본으로 한 요리로, 불교행사의 제(際)에 이용되던 음식이다. 헤이안 시대 말기에 중국 선종의 영향을 받은 육식(肉食) 기피의 사상에 근거한 사찰 음식이 주류이다. 또한 당나라 때부터 발달한 수차(水車) 동력에 의해서 제분기술의 발달하여, 밀가루나 콩가루 등에 식물 기름이나 된장 등의 조미료를 이용해 성형이 쉬운 분식이 나타나기도 하였다.

정진요리는 스님 스스로가 조리를 하여 불교 수행하는 동시에 요리기술도 전파하여 정진요리의 보급에 기여하였다. 정진요리는 곡물 가루, 채소류 및 버섯류와 과실류가 주재료이다. 또한 자라·멧돼지·기러기·오리 같은 동물 이름이 음식의 이름에 등장하는데 이는 식물성 재료로 새와 짐승의 고기처럼 만들어 그것에 가까운 맛을 내고자 하려는 노력으로, 육식에 대한 열망을 조리 기술에 의해서 충족하고자 했던 상당히 높은 수준의 기술력이 필요한 요리이다. 다만 본격적인 정진 요리는 사찰에서 중요한 차례 등 때 제공되었고, 중국 선종의 영향으로 시작된 정진요리는 처음에는 선종 사찰 내부에서 발달했으나, 곧 고도의 조리 기술이 일반인에도 퍼지게 되고, 가마쿠라시대 이후부터 지금까지 일본의 음식문화에 큰 역할을 담당하고 있다.

현재 정진요리라고 하는 것은 일반적으로 동물성 재료를 사용하지 않는 요리를 말한다. 동물성 식재료를 사용하지 않고 채소, 해조류, 건채소 가공품 등을 식물성 기름, 된장 등을 활용하여 조리하며 영양적으로도 균형이 좋은 편이다. 다시마와 마른 표고버섯에서 기본 다시(出し) 국물을 얻고, 채소와 두부 등의 콩 가공품을 주로 사용하였다. 불교의 행사용 요리에서 기원되어 일반들에게 전파되어 일상의 식사로서 현재도 보급되고 있다. 식단은 본선요리(本膳料理) 형식으로 1즙3채(一汁三菜), 1즙5채(一汁五菜), 3즙7채(三汁七菜) 등의 형이 있고 주로 교토를 중심으로 발달하였다.

(3) 본선요리(本膳料理, ほんぜんりょうり, 혼젠요리)

가마쿠라시대를 거쳐 무로마치시대에 걸쳐 일본의 실질적인 권력을 가진 무가(武家)에 의해 발달한 요리로 무로마치시대에 새로운 양식으로서의 본선요리가 등장하였다. 귀족계급에서 발달한 대향요리의 의식적인 요소와 정진요리의 기술적 요소가 결합된 것이다. 본격적으로 일본적인 색채를 나타내는 요리로 개개인에게 각자의 상에 홀수의 요리를 제공하였고 젓가락만 사용하게 되었다.

에도시대인 1800년대에 발달한 요리로서, 메이지시대(明治時代)까지 이어져 왔으며 이후 민간인에게 보급된 요리로, 현재는 거의 쇠퇴하였고, 관혼상제(冠婚喪祭) 등의 의례적인 행사에 차려지는 요리에 그 자취가 남아있다. 일본의 정식요리로 오늘날 일본 요리의 기초로 현대 일본요리의 원점이라 할 수 있는 요리이다

본선요리는 시대에 따라 그 내용과 형식이 변화한다. 무로마치시대에 무가의 예법을 확립하기 위하여 향연(饗宴)의 형식과 요리를 정하였는데 이러한 의식적인 요리를 식정요리(式正料理)라 하였다. 본선요리의 구성은 술을 중심으로 한 헌부(献部)와 식사를 중심으로 하

는 선부(膳部)로 나뉜다. 의례적 요소가 강한 술 중심의 식삼헌(式三献)으로 시작해 석 잔의 술 뒤에 식사 중심의 선부(膳部)로 이어지고, 4번째 상 이후 다시 헌부(献部)로 이어지고 나서야 모든 것이 끝난다.

무가의 식정요리(式正料理)는 에도시대 초기까지 계속되었으나, 만드는 방법과 식사예절이 복잡하여 엄격한 규정이 있는 의례적인 요리이므로, 후대로 내려오면서 간략하게 되어 실제적으로 먹을 수 있는 요리로서 간략화한 후쿠사요리(袱紗料理, ふくさりょうり)가 되어 오늘날 혼젠요리는 거의 후쿠사요리를 말한다.

혼젠요리는 상(膳, ぜん, 젠)을 내는 방법, 먹는 방법에 형식이 있으며 예절과 방법을 가장 중요시했으며, 차차 요리법도 세련되어 요리의 품수에 의해 상(膳)의 수가 결정되었다. 5개의 상이 차례로 나오는 혼젠요리의 식단 구성은 1즙3채(一汁三菜), 2즙5채(二汁五菜), 3즙7채(三汁七菜)가 기본이다.

3즙(三汁)은 本汁·二の汁·三の汁이며, 7채(七菜)로는 なます·坪·猪口·平·椀·刺身·焼物로 구성된다. 이때 밥(飯), 채소절임(香の物)은 세지 않는다.

5개의 상으로 이루어진 3즙7채(三汁七菜, さんじゅうしちさい)는 다음과 같다.

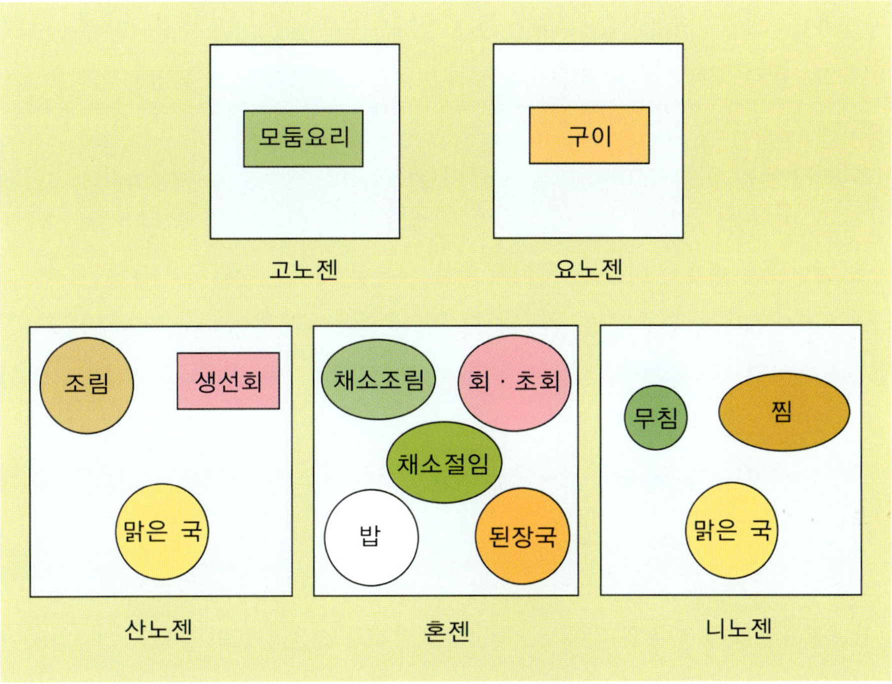

[3즙7채 본선요리]

① **혼젠**(本膳, ほんぜん): 밥(ご飯, ごはん), 된장국(本汁, 汁), 채소조림(坪, つぼ), 채소절임(香の物, こうのもの), 회 또는 초회(向, なます)

② **니노젠**(二の膳, にのぜん): 맑은 국(二の汁, 吸い物), 무침(猪口, ちょく), 5가지 재료의 찜(平, ひら)

③ **산노젠**(三の膳, さんのぜん): 맑은 국(三の汁, 吸い物), 생선회(刺身, さしみ), 완(椀)에 담기는 생선·닭·오리와 계절채소 조림(炊き合わせ)

④ **요노젠**(与の膳, とのぜん): 구이(焼き物, 주로 도미통구이)

죽음을 상징하는 숫자인 四(숫자를 뜻하는 四와 죽음을 뜻하는 死의 발음이 음독し와 같기 때문에 숫자 4를 よ로 읽는다.)를 사용하지 않고, 요노젠(与の膳)이라고 한다.

⑤ **고노젠**(五の膳, ごのえん): 마지막에 나오는 선물용의 호화로운 모둠 요리(台引, だいひき) 히키모노젠(引物膳)이라고도 하며, 선물용(お土産用) 음식이 차려지며 카마보코(蒲鉾), 킨통(きんとん), 양갱(羊羹), 다테마키(伊達巻き) 등 나온다.

(4) 남만요리(南蛮料理, なんばんりょうり, 난반요리)

무로마치시대 말기부터 에도시대 초기에 걸쳐서 남만(南蛮)이라 지칭되던 통상 대상국인 스페인, 포르투갈 등을 통해 전래된 조리법 또는 식재료에 영향을 받은 요리를 남만요리(南蛮料理)라고 한다.

그때까지 일본 고유의 요리법에 없는 향미재료인 파와 고추 등을 이용하거나 기름에 튀기기 등의 조리법이 사용된 요리를 말한다. 고추를 남만 후추라고도 하였고, 또 옥수수와 호박을 남만풍의 재료로 여겼다. 음식에 파를 사용할 때에는 구워서 사용하는 것이 남만요리의 원칙이었지만, 단순히 삶거나 파 자체를 요리에 사용하여도 남만요리라고 하였다. 유명한 남만요리에는 덴뿌라(天ぷら)나 남만니(南蛮煮, 조림의 일종), 남만쯔케(南蛮漬, 절임류의 일종) 등이 있다.

(5) 회석요리(懐石料理, かいせきりょうり, 카이세키요리)

회석(懐石)이라는 말은 선승이 수련 중에 단식참선을 하면서 추위와 공복의 고통을 느낄 때 가슴에 따뜻한 돌을 품은 것에서 기원하고, 그것과 같은 정도의 공복을 견딘다라는 의미로부터 그 명칭이 유래되었다. 차회석요리(茶懐石料理, ちゃかいせきりょうり)라고도 한다. 진한 차를 공복에 마시면 맛도 없고 위장에도 좋지 않기 때문에, 차를 맛있게 마시기 위하여 회석요리(懐石料理, かいせきりょうり)가 나온 것이라고 한다.

차를 마실 때 요리가 나오는 것은 무로마치시대 중기인 1400년대부터 시작되었고, 1500년대 후반인 아즈치·모모야마시대에 원형이 갖추어졌으며, 에도시대 말기에 완성되어 현대로 전해지고 있다. 회석요리는 차를 맛있게 마시는 과정의 일부로 차를 마시는 모임에 초대된 손님이 먹는 것이다. 에도시대 말기에는 회석요리를 전문으로 하는 출장요리 가게가 나타나기도 하고 보통의 요리점에서도 회석(懐石, 카이세키, かいせき)과 회석(会席, 카이세키, かいせき)라는 용어를 사용하게 되는데, 본래의 차를 마시는데 먹었던 요리임으로 이를 구별하는 의미로서 차회석요리(茶懐石料理, 차카이세키요리, ちゃかいせきりょうり)라고 부르는 경우도 있다.

차카이세키요리는 다석(茶席)이나 다도회(茶道会)에서 제공하는 요리로서 차를 마시기 위해 간단한 식사를 곁들여 공복감을 해소시킬 정도의 적은 양을 제공하는 요리이다. 사치스럽고 화려한 식사는 아니나 양보다는 질을 중시하며 재료 자체의 상태를 그대로 살려서 조리하고, 맛있고, 섬세하며, 먹기 쉬워야 한다. 사계절의 계절감을 가장 중시하는 요리로 한 계절 앞선 요리를 제공하며 담는 법과 색채의 조화를 중요시한다는 특징이 있다.

차카이세키요리의 구성은 일반적으로 밥, 국, 회 또는 초회(向こう付け, 무코우즈케), 조림, 구이로 구성된 1즙3채에 맑은 국(하시아라이, 箸洗い), 핫슨(八寸, 2, 3종류의 요리를 한 그릇에 조금씩 어울리게 담은 것으로 최후에 내는 음식), 채소 절임(香の物), 더운 물(湯桶し)을 추가한 것이 기본 식단이다. 구이와 하시아라이 사이에 술안주(強い肴, しいーざかな)나 하치(鉢, はち)라고 하는 이름의 조림이나 무침, 초회 몇 가지 더하는 경우도 많다. 약식의 경우는 1즙2채, 1즙1채도 있다. 1즙1채의 경우 구이와 조림이 생략되고, 1즙2채에는 구이가 생략되지만 하시아라이(はし洗い)인 맑은 국과 핫슨은 반드시 나온다.

(6) 탁복요리(卓袱料理, しっぽくりょうり, 싯포쿠요리)

에도시대 초기인 1600년대 일본 최초의 개항 도시였던 나가사키(長崎)에 많이 거주하였던 중국인의 영향을 받아 알려지기 시작한 요리법으로서, 식기는 중국풍이지만 재료나 맛은 일본인의 기호에 맞게 담백하게 변화하여 일본식 중국요리라고 하는 탁복요리가 탄생한다. 탁(卓)은 식탁을 의미하고 복(袱)은 식탁보 또는 식탁을 덮는다는 뜻으로 큰 그릇이나 접시에 담은 요리를 각자 나누어 먹는 형식의 음식이다.

(7) 보차요리(普茶料理, ふちゃりょうり, 후차요리)

에도시대 초기(1654년)에 중국에서 불교의 포교를 위해 일본으로 건너온 승려 은원(隱元)선사가 교토의 황벽산(黃檗山)에 만복사(萬福寺)라는 사찰을 열어 포교를 시작하면서 보급된 중국풍 사찰요리를 말한다. 보차(普茶)라는 것은 넓은 대중에 차를 제공한다는 의미로서,

승려들이 차를 마시는 행사인 차례(茶禮)의 뒤에 나오는 식사를 말한다. 중국풍의 영향을 받은 보차요리(普茶料理)는 원형탁자에 4명이 2명씩 마주보며 앉아 하나의 접시에 담겨있는 요리를 각자 덜어가며, 둥근 원형판을 돌려가며 직접 음식을 덜어먹기 때문에 개별로 담아 낼 필요가 없다. 재료 역시 불교의 영향을 받아 어류나 육류를 사용하지 않고, 채소 등의 식물성을 주로 사용한다. 기름과 전분을 사용하는 것이 특징이며 보통 2즙6채(二汁六菜)로 구성된다. 현재의 보차요리는 일본에 맞게 기름의 사용량을 줄여 덜 기름지고 담백한 맛으로 변화되었다.

(8)회석요리(会席料理, かいせきりょうり, 카이세키요리)

에도시대부터 이용되었으며 연회용 요리를 의미하며, 혼젠요리(本膳料理)의 약식으로 변형되어 이용되었다. 재료의 구색을 맞추고 동일한 재료를 중복해서 사용하지 않으며, 또 같은 맛을 될 수 있는 한 피하는 것이 이 요리의 특징이다. 보통 1즙3채(一汁三菜), 1즙5채(一汁五菜), 2즙5채(二汁五菜), 3즙7채(三汁七菜)로 구성되며 밥과 절임류는 품수에 넣지 않는다.

식단에 따라 다르나 일반적으로 오토오시(お通し, 가벼운 전채), 스이모노(吸い物, 국물 요리), 무코우즈케(向こう付け, 생선 초회), 구찌카와리(口代わり), 야키모노(焼き物, 구이), 니모노(煮物, 조림), 아이우오(合い魚, 생선으로 만든 찜이나 튀김), 스노모노(酢の物, 초무침), 미소시루(みそ汁 또는 止め椀, 된장국) 등이며, 술은 음식상이 나오면 권한다.

현재는 호텔이나 전문점, 전통여관 등에서 제공되는 술을 마시기 위한 주연(酒筵)을 위한 요리를 말하며, 연회에 나가는 요리로서 술을 즐기기 위한 음식을 말한다. 에도시대 때부터 시작되었으며, 편안하게 앉아 순서대로 천천히 요리를 즐기기는 하나, 여전히 본선요리의 흔적이 남아있다. 회석(会席)이라는 것은 모임에 참석한 사람들이 술과 더불어 가무를 즐기기 위한 모임으로, 초기에는 예의 바르게 모임이 끝날 때 술을 조금 마시는 정도였으나, 나중에는 변화되어 식사 도중에서부터도 술과 요리가 나오게 되었고 점차 술을 마시기 위한 요리로 변형되었다. 에도시대 중기부터는 경제력을 갖춘 일반인들이 요리점에서 모임을 많이 갖게 되었고, 이에 따라 메뉴의 구성은 혼젠요리 형식을 모방하고 있으나 자유스럽고 실용적인 요리로 점차 변형되고는 있다. 그 영향으로 많은 종류의 화려한 음식이 한 가지씩 순차적으로 나오는 형식이 등장하게 되었고, 메이지유신 이후 관서풍, 관동풍 등 지역적인 특징을 갖게 되었다. 특징으로서 밥을 먹기 위한 것이 아니고 차츰 술을 마시기 위한 음식을 중심으로 변화되고, 밥 종류는 식사라고 하여 최후에 간단하게 나오게 되었다.

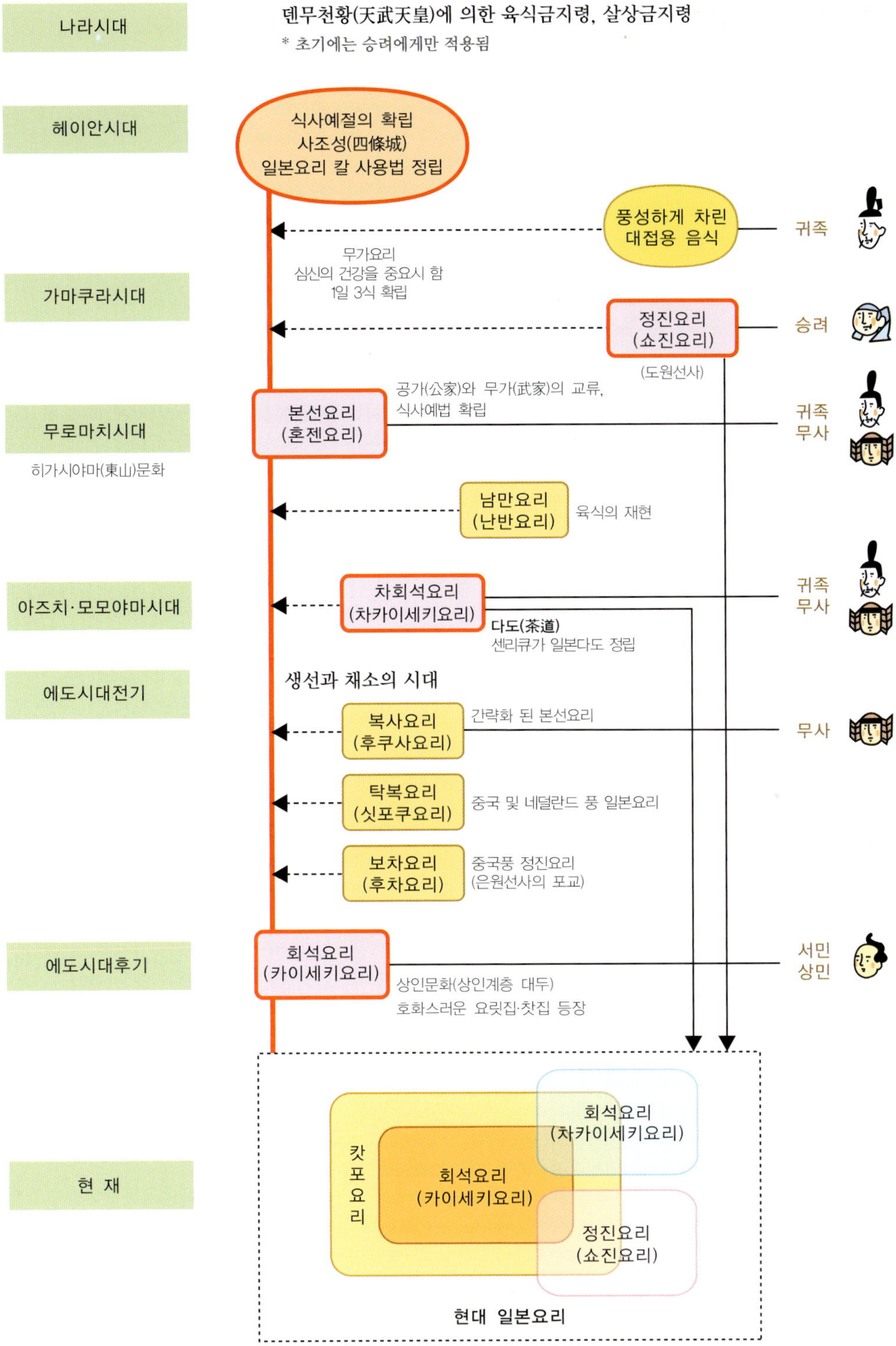

나라시대
덴무천황(天武天皇)에 의한 육식금지령, 살상금지령
* 초기에는 승려에게만 적용됨
헤이안시대
식사예절의 확립
사조성(四條城)
일본요리 칼 사용법 정립
풍성하게 차린 대접용 음식
귀족
무가요리
심신의 건강을 중요시 함
1일 3식 확립
가마쿠라시대
정진요리 (쇼진요리)
승려
(도원선사)
공가(公家)와 무가(武家)의 교류,
식사예법 확립
본선요리 (혼젠요리)
귀족
무사
무로마치시대
히가시야마(東山)문화
남만요리 (난반요리)
육식의 재현
차회석요리 (차카이세키요리)
귀족
무사
아즈치·모모야마시대
다도(茶道)
센리큐가 일본다도 정립
생선과 채소의 시대
에도시대전기
복사요리 (후쿠사요리)
간략화 된 본선요리
무사
탁복요리 (싯포쿠요리)
중국 및 네덜란드 풍 일본요리
보차요리 (후차요리)
중국풍 정진요리
(은원선사의 포교)
에도시대후기
회석요리 (카이세키요리)
서민
상민
상인문화(상인계층 대두)
호화스러운 요릿집·찻집 등장
현 재
캇포요리
회석요리 (카이세키요리)
회석요리 (차카이세키요리)
정진요리 (쇼진요리)
현대 일본요리

[일본 음식 형태의 계보]

5. 일본요리의 조리법과 대표적인 음식

일본명	한글명	요리 예
刺身 (사시미)	생선회	平作り(히라쯔쿠리), 角作り(카쿠쯔쿠리), 糸作り(이도쯔쿠리), 皮霜作り(카와시모쯔쿠리), 湯引き(유비키), 叩き(타타키), 洗い(아라이), 焼霜作り(야키시모쯔쿠리)
汁物 (시루모노)	국	すまし汁(스마시지루) : 吸い物, 吉野汁(요시노지루), うしお汁(우시오지루) 濁り汁(니고리지루) : 味噌汁(미소시루), とろろ汁(토로로지루)
焼き物 (야키모노)	구이요리	塩焼(시오야키), 照り焼き(데리야키), 黄身焼き(키미야키), 味噌漬け焼き(미소즈케야키), 幽庵焼き(유안야키), 姿焼き(스가타야키)
煮物 (니모노)	조림요리	甘煮(우마니), 含め煮(후쿠메니), 吉野煮(요시노니), 炒め煮(이타메니), 味噌煮(미소니), 甘露煮(칸로니)
揚げ物 (아게모노)	튀김요리	素揚げ(스아게) 衣揚げ(코로모아게) : 天ぷら(덴뿌라), 変揚げ(카와리아게), 空揚げ(카라아게)
蒸し物 (무시모노)	찜요리	酒蒸し(사카무시), 茶碗蒸し(차완무시), 土瓶蒸し(도빙무시), 信州蒸し(신슈무시)
和え物 (아에모노)	무침요리	下ろし和え(오로시아에), 酢味噌和え(스미소아에), 白和え(시라아에), ごま和え(고마아에), 卯の花和え(우노하나아에), 浸し物(히타시모노)
酢の物 (스노모노)	초회	なまこ酢の物(나마코 스노모노), たこ酢の物(타코 스노모노), かいそう酢の物(카이소 스노모노), 盛合せ酢の物(모리아와세 스노모노)
鍋物 (나베모노)	냄비요리	ゆでる鍋(유데루나베) : ちり鍋(치리나베), 湯豆腐鍋(유도후나베), 水炊き鍋(미즈타키나베) 煮る鍋(니루나베) : 寄せ鍋(요세나베), ちゃんこ鍋(찬코나베), おでん鍋(오뎅나베) 焼き鍋(야키나베) : すき焼き(스키야키)
ご飯 (고항)	밥	ご飯(고항), 丼もの(돈부리모노), お茶づけ(오차즈케)
漬物 (츠케모노)	절임류	塩漬(시오즈케), 糠漬(누가즈케), 酢漬(스즈케), 粕漬け(카스즈케), 味噌漬け(미소즈케), しょう油漬け(쇼유즈케), こうじ漬け(코우지즈케), から し漬け(카라시즈케), もろみ漬け(모로미즈케)
お菓子 (오카시)	과자	生果子(나마가시), 半生果子(한나마가시), 干菓子(히가시)
飲み物 (노미모노)	음료	お茶(오차) : 玉露(교쿠로), 抹茶(맛차), 煎茶(센차), ほうじ茶(호오지차), 玄米茶(겐마이차) お酒(오사케) : 清酒(세이슈), 日本酒(니혼슈)
寄せ物 (요세모노)	굳힘요리	羊羹(요우깡), 煮凝り(니코고리), 練りもの(네리모노), すりみ(스리미)

鮓 (스시)	초밥	上方鮓(카미가타즈시) : 押し鮓(오시즈시), 箱鮓(하꼬즈시), 鯖鮓(사바즈시), 太巻き(후토마키), だて巻き(다테마키), 上方風ばら鮓(카미가타바라즈시), 蒸し鮓(무시즈시) 江戸前鮨(에도마에즈시) : 握り寿司(니기리즈시), 巻物(마키모노), 散らし鮓(치라시즈시), 海苔巻き(노리마키), 太巻き(후토마키), 手巻き(데마키), いなり寿司(이나리즈시), 江戸前細工鮨(에도마에사이쿠즈시)
麵類 (멘루이)	면요리	蕎麦(소바), 饂飩(우동), 素麵(소면)

(1) 생선회(刺身, さしみ, 사시미)

관서지방에서는 생선회를 관서지방에서는 오쯔쿠리(お造り·作り)라고 불렀다. 회(刺身)는 어패류를 날것 그대로 먹는 것이기 때문에 횟감을 선택하는 생선에 대한 선별이 대단히 중요하다. 생선마다의 제철이라고 하는 맛있게 먹는 시기가 있고, 신선도를 유지하기 위해 생선의 처리방법에도 주의하여야하며, 되도록 만들고 즉시 손님에게 제공하여야 한다.

생선의 육질과 맛을 고려하면서 생선의 특성에 따라 썬다. 예를 들면 참치나 방어와 같이 지방이 많고 크기가 큰 것은 살이 부드러우므로 두껍게 썰고, 신선한 흰 살 생선의 경우는 육질이 비교적 단단하므로 얇게 써는 것이 좋다. 또한 생선회의 종류에 따라 곁들이는 아시라이(あしらい, 생선회에 곁들이는 채소)인 겡(けん), 츠마(つま) 그리고 와사비나 생강 같은 카라미(辛味), 간장 등을 잘 선택하는 것도 중요하다.

1) 히라쯔쿠리(平作り, ひらづくり)

일반적으로 가장 많이 쓰이는 방법으로서, 생선의 우측면에 칼날을 대고 세게 당기면서 썰면서 자른 생선의 살을 칼날로 밀어 우측으로 보내면서 써는 방법이다. 참치의 아카미(赤身), 도미의 두툼한 살 등을 썰 때에 이용된다.

2) 카쿠쯔쿠리(角作り, かくづくり)

생선회를 1.5~2cm의 정육면체 모양으로 써는 방법으로서, 부드러운 육질의 참치, 다랑어 등의 두꺼운 생선에 주로 이용된다.

3) 이도쯔쿠리(糸作り, いとづくり)

재료를 실같이 가늘고 일정하게 써는 방법으로서, 두꺼운 오징어 살이나 작은 생선을 자를 때 이용되며, 정교한 식재료의 처리나 무침요리를 위하여 사용되기도 한다.

4) 카와시모쯔쿠리(皮霜作り, かわしもづくり)

생선의 껍질부분에 맛 성분이 있는 생선의 경우, 그 맛을 이끌어 내려는 목적과 더불어 질긴 껍질을 뜨거운 물을 부어 찬물에 식혀 부드럽게 먹기 위한 방법이다. 껍질의 맛도 맛이지만 생선 껍질의 아름다움을 돋보이는 효과도 있다.

5) 유비키(湯引き, ゆびき)

비교적 육질이 부드러운 참치나 다랑어에 이용되는 방법이다. 생선의 표면을 열탕 처리하여 차게 식히면 표면이 단단해져 특유의 식감이 생기고, 색 또한 익혀진 색과 날 것의 색이 조화를 이루어 다양한 변화를 느낄 수 있다. 주로 여름철에 많이 사용하는 방법이다.

6) 타타키(叩き, たたき)

생선의 껍질을 칼로 두들겨, 윗면에 생강즙 등을 얹어내는 것으로 생선 살 속으로 곁들이는 채소의 즙이 스며들도록 만들어 내는 것이다. 칼의 등이나 손으로 두들겨 맛이 나게 한다는 의미를 담고 있으며, 전갱이, 정어리, 가다랑어 등과 같은 생선에 많이 이용하는 방법이다.

7) 아라이(洗い, あらい)

여름에 좀 더 시원하고 청량감 있게 처리하는 방법으로 잉어, 농어 등의 주로 살아있는 민물의 흰살 생선을 얇게 썰어서 얼음물로 씻어낸 것을 말하며, 육질이 수축되고 지방이 빠져나가 맛이 담백해진다.

8) 야키시모쯔쿠리(焼霜作り, やきしもづくり)

손질한 생선살을 꼬치(串, くし)에 꼬여서 껍질부분의 표면만 강한 불에 살짝 구워 야키메(焼き目, 구운 자국)를 내고, 얼음물에 넣어 완전히 식힌 다음 내는 방법으로서, 간단히 야키시모(焼霜, やきしも)라고도 한다.

(2) 국(汁物, しるもの, 시루모노)

일본요리에서 국은 단지 일품요리로서 뿐만 아니라, 다른 요리의 맛을 한 층 더 깊게 느끼도록 하는 역할도 한다. 술을 마시기 위한 단품으로서의 국, 그리고 밥과 함께 식사의 구성요소로서의 역할이 있다. 다시(出し, 국물), 완다네(椀だね, 국의 주재료 건더기), 완쯔마(椀つま, 국의 부재료이자 고명), 스이구찌(吸い口, 향미재료) 등의 네 가지 구성요소로 되어 있으며, 계절감을 살릴 수 있도록 만드는 것이 중요하다.

시루모노(汁物)는 크게 스마시지루(すまし汁)라고 하는 맑은 국물 계열과 니고리지루(濁り汁)라고 하는 탁한 국물 계열로 분류할 수 있다. 맑은 국물에는 스이모노(吸い物), 요시노시루(吉野汁), 우시오지루(うしお汁)가 대표적이고, 탁한 국물에는 미소시루(味噌汁)가 대표적이다. 그 외에 탁한 국물로는 산마를 갈아 넣어 점성을 지닌 토로로지루(とろろ汁), 술지게미를 넣어 만든 차가운 된장국인 카스지루(かす汁) 등이 있다.

1) 스이모노(吸い物, すいもの)

옅은 간의 맑은 국으로서 우스구찌쇼유(薄口しょう油, 연한 간장)로 색을 연하게 내며, 소금으로 약하게 간을 한 맑은 국이다. 주재료로 사용된 식재료에 따라 이름이 붙여지며, 은은한 재료의 향으로 입맛을 개운하게 하는 역할을 한다. 이를 위하여 비교적 냄새가 나지 않는 재료를 이용한다. 도미 맑은 국(タイの吸い物), 대합 맑은 국(はまぐりの吸い物) 등이 대표적이다.

2) 요시노지루(吉野汁, よしのじる)

스이지루(吸汁, 맑은 국물)에 쿠즈(くず, 칡전분)를 약간 묽고 부드러운 느낌으로 먹는 맑은 국의 일종으로 여름에 차게 해서 마시기도 하는 국이다. 약하게 간하기도 하고 취향에 따라 약간 진하게 하기도 한다.

3) 우시오지루(うしお汁, うしおじる)

재료 자체가 가지고 있는 맛을 우려내어 맛을 내는 국으로 소금으로만 간을 한 국이다. 일본의 기본 다시(だし)를 이용하지 않고 신선한 어패류를 이용하여 냉수에서부터 시작해서 끓여낸다. 재료가 가지고 있는 맛을 그대로 살려내어 소금과 술만으로 조미를 하며, 간단히 우시오(うしお)라고도 한다. 도미머리를 이용한 것이 대표적이며, 농어나 대합 등을 사용하기도 한다.

4) 미소시루(味噌汁, みそしる)

된장을 이용한 국물요리로서 된장의 종류, 계절에 따라 조리법이 다르며, 기본 국물인 다시(出し)는 멸치, 다시마, 가쯔오부시 등을 이용한다. 재료는 육류, 어패류, 채소류 등 어떤 재료라도 사용이 가능하며, 된장을 오래 끓이면 향을 잃고 맛이 떫어지므로 장시간 끓이지 않는다.

(3) 구이요리(焼き物, やきもの, 야키모노)

외부의 높은 열을 이용해 식재료를 구운 것을 말하며, 표면을 높은 열로 익혀 내부의 맛을 식재료 안에 가둬두고, 수분이 증발되면서 맛과 향이 농축되며, 구울 때 발생하는 지방과 단백질의 연소 연기와 향이 재료에 스며들어 독특한 맛을 내는 조리법이다. 직접 열을 가해 굽는 지카비야키(直火焼)와 간접적으로 냄비나 팬, 은박지 등을 통하여 열을 전달받아 굽는 칸세쯔야키(間接燒)로 나눌 수 있으며, 조미하는 방법에 따라서 분류하기도 한다. 강한 불로 먼 거리에서 단시간에 굽는 것이 이상적이고, 일반적으로 접시에 담았을 때 겉으로 보이는 쪽을 먼저 굽는 것이 좋다.

1) 시오야키(塩焼, しおやき)

생선의 냄새를 없애고, 소금에 의해 생선살이 수분을 흡수하여 단단해지도록 생선을 소금에 절이거나 뿌려서 구운 것으로서, 통째로 구울 때는 지느러미가 타지 않도록 소금을 붙이기도 하는데 이 소금을 화장염(化粧塩)라고 한다. 시오야키에는 도미소금구이, 삼치구이, 연어구이 등이 대표적이다.

2) 데리야키(照り燒き, てりやき)

어패류나 수조육류의 뼈를 국물에 넣고 간장과 술, 설탕, 미림 등을 첨가해 졸여낸 간장양념장인 데리(照り)를 붓으로 발라가며 구워서 색과 맛을 들이면서 굽는다. 도미구이, 장어구이, 닭고기구이, 쇠고기간장구이 등이 대표적이다.

3) 키미야키(黄身燒き, きみやき)

구운 재료에 다른 부재료를 발라가며 굽는 방법으로 오징어나 흰살 생선 등을 구운 것에 소금과 미림 등을 넣어 섞어 간을 한 달걀 노른자를 붓으로 덧발라 색을 낸 것으로서, 달걀 노른자를 바른 면이 타지 않고 마른 정도로 노란 색이 나도록 주의하며 굽는다.

4) 미소즈케야키(味噌漬け燒き, みそづけやき)

된장에 맛술 등 여러 가지 조미료를 첨가해 된장소스를 만들어 그 안에 생선을 절였다가 굽는 것으로서 삼치, 병어 등의 구이에 자주 이용된다.

5) 유안야키(幽庵燒き, ゆあんやき)

간장에 술, 미림 등을 섞고 유자를 둥글게 썰어 넣은 것에, 생선을 담가 절였다가 구운 것을 말한다. 유안쯔케(幽庵付け)라고도 한다. 유자가 없는 계절에는 레몬이나 스다치(すだち, 유자의 한 품종) 등을 사용하기도 한다.

6) 스가타야키(姿燒き, すがたやき)

생선에 꼬치를 끼워 통마리가 마치 물속에서 헤엄치는 것처럼 꾸며서 그대로 구워낸 것으로 은어, 도미 등 주로 작은 크기의 생선구이에 이용한다. 지느러미가 타는 것을 방지하기 위해 화장염(化粧塩)을 붙여서 구우면 누릇한 소금의 구워진 형태와 색상이 요리를 돋보이게 하여 준다.

(4) 조림요리(煮物, にもの, 니모노)

기본 다시(だし)에 조미료를 혼합해 끓여 익혀내는 조리법이다. 원래는 식사의 반찬으로의 역할을 했지만, 점차 술을 마시기 위한 안주가 되기도 한다. 조림요리에는 국물의 양이 많은 것과 적은 것, 재료를 그대로 졸인 것과 볶거나 튀겨서 졸인 것, 전분을 이용한 것, 재료의 맛과 색에 따라 분류된다.

조림요리를 할 때에는 모든 재료가 익어 얼룩 지지 않도록 해야 하고, 도중에 재료가 부서지는 것을 방지하기 위하여 익히는 시간과 재료의 모양, 크기를 잘 조절해야 한다. 불의 조절은 일반적으로 처음에는 강하게, 마무리는 약하게 조절하여야 하며, 필요에 따라서는 냄비나 용기 속에 쏙 들어가게 만든 작은 뚜껑인 오토시부타(落し蓋, おとしぶた)를 사용하기도 한다. 조미료는 설탕, 소금, 간장의 순으로 첨가하며 식초 등의 휘발성 향이 나는 것은 나중에 넣어준다. 설탕을 많이 사용할 경우에 한꺼번에 넣으면 재료가 단단해지므로, 조금씩 여러 번에 나누어 넣어 주고, 간장은 향이 날아가지 않도록 유의한다.

1) 우마니(甘煮, うまに)

양념장을 충분히 사용하여 맛과 색을 살려낸 대표적인 관동식 조림요리로서, 생선이나 육류, 채소 등의 재료에 다시(だし), 설탕, 간장, 미림 등으로 색을 내며 달게 졸여낸 것을 말한다. 일본식 정월요리인 오세치요리(御節料理) 등에 이용된다.

2) 후쿠메니(含め煮, ふくめに)

다시(だし)에 연한 간을 하고 재료를 넣고 천천히 간을 하는 방법으로, 약한 불에서 장시간 졸이다가 그 국물에 재차 몇 시간 담궈 두었다가 간을 다시 맞추고 조림을 하는 방법이다. 밤이나 콩, 토란 등을 달게 조리는 경우에 사용한다.

3) 요시노니(吉野煮, よしのに)

쿠즈니(葛煮)라고도 한다. 칡 전분이나 기타 여러가지 전분을 이용하여 걸쭉하게 완성한 조림으로, 재료에 갈분을 넣어 끓이는 방법과 재료에 간을 다 한 다음에 다시(だし)국물에 전분을 풀어 완성하는 방법 등이 있다. 담백한 흰 살 생선의 조림에 이용된다.

4) 이타메니(炒め煮, いために)

재료를 기름에 볶아 조려서 조미한 것을 말하며, 재료를 기름에 미리 볶았기 때문에 재료의 맛이 가둬지는 효과가 있어 깊은 맛이 난다. 우엉을 잘라 볶아서 조린 킨삐라고보(金平牛蒡, 우엉조림)가 대표적이다.

5) 미소니(味噌煮, みそに)

조림양념에 간장 대신 된장을 사용하고 여기에 다시(だし)를 섞어 재료를 설탕, 술 등을 넣어 졸인 것으로서, 주로 등푸른 생선의 비린내를 제거하는데 효과적인 방법이다. 정어리, 고등어, 전갱이 등의 등푸른 고지방 생선재료에 된장으로 진한 맛을 낸 조림요리를 말한다. 처음부터 된장을 넣어 조리는 방법과 음식의 마지막 무렵에 된장으로 간을 하는 방법 등이 있다.

6) 칸로니(甘露煮, かんろに)

은어, 붕어, 잉어 등 주로 민물 생선을 달게 조리는 방법의 하나로 설탕만을 사용하면 자칫 재료가 단단해질 수 있기 때문에 단맛을 내기 미즈아메(水雨, 물엿) 등을 넣어 연한 색이 나도록 졸여낸 것이다. 또는 밤이나 유자 등을 달게 졸여 낸다.

(5) 튀김요리(揚げ物, あげもの, 아게모노)

튀김요리는 많은 양의 기름 속에서 푹 담궈 익힌 것으로서, 요리에 기름이 침투되어 열량이 높은 편이다. 일반적으로 식물성 기름은 바삭하게 튀겨져 생선이나 채소를 튀기기에 적합하고, 동물성 유지는 눅눅해지는 육류튀김에 이용하지만, 현재는 동물성 유지는 거의 사용하지 않는다. 튀김에 적당한 좋은 기름은 발연점이 높으며 맑고 투명하고 냄새가 없는 기름이 좋다. 바삭한 튀김을 위해서는 박력분과 얼음물을 이용하거나 밀가루도 냉장보관하여 차가운 상태로 만들어 두었다 튀기는 것이 좋다.

1) 스아게(素揚げ, すあげ)

재료에 튀김옷을 묻히지 않고 재료 수분만을 제거하고 그대로 튀겨낸 것으로서, 재료의 색과 모양을 그대로 살려 내는 것이 중요하다. 고열의 기름에 의해 재료의 형태변화가 없어야 하므로 너무 부드러운 재료는 적합하지 않다. 작은 생선, 감자 등이 적당하다.

2) 코로모아게(衣揚げ, ころもあげ)

재료에 튀김옷을 묻히거나 담가 적셔서 튀기는 것으로서, 튀김옷에 다양한 변화를 줄 수 있어 재료에 따라 맛과 모양과 이름이 다르다. 보통은 재료에 밀가루와 노른자를 묻혀 튀김옷에 담그거나 묻혀주어 튀긴다. 차소바, 소면, 당면 등을 튀김옷으로 사용하기도 하며, 무즙과 생강즙을 곁들인 덴쯔유(天つゆ)를 찍어 먹거나 소금을 곁들여먹기도 한다.

① **덴뿌라**(天ぷら, てんぷら)

코로모아게(衣揚げ) 중의 하나로서 어류, 채소류 등에 달걀, 물, 밀가루를 혼합하여 만든 튀김옷을 입혀서 기름에 튀겨낸 것이다. 어원은 포루투칼어의 tempero(조미료라는 의미), 이탈리아어의 tempora(사계절의 절기라는 의미), 스페인어의 templo(사원이라는 의미)에서 유래되었다는 설 등등 여러 가지 의견이 분분하다. 아부라(油)를 덴뿌라(天ぷ羅)라고 써놓고 음독(音讀)으로 말했다는 설도 있다.

튀기는 재료에 아무런 간을 하지 않기 때문에 일반적으로 무즙과 생강즙을 야쿠미(薬味, 곁들이는 양념)로 하는 간장소스인 덴쯔유(天つゆ)에 찍어 먹는다. 다시(だし)에 간장, 미림, 설탕 등으로 간을 하여 끓여내는 것인데 덴다시(天だし)라고도 한다.

② **카와리아게**(変り揚げ, かわりあげ)

튀김옷에 변화를 주어 튀긴 것을 말하며, 일반적인 튀김옷이 아닌 다른 재료가 혼합된 튀김옷을 사용한 모든 튀김에 해당된다. 찐 찹쌀가루, 당면, 소면, 차소바, 파래 등의 다양한 재료를 재료의 겉에 묻혀서 튀긴다.

③ **카라아게**(空揚げ, からあげ)

재료에 밑간을 하거나 그대로 전분가루나 밀가루 등의 가루만 묻혀서 튀겨낸 것으로, 보통은 나중에 앙가케(あんかけ, 갈분으로 만든 양념장)를 곁들이는 경우가 많다. 조리의 전 처리 작업으로 튀겨놓는 경우도 있다.

(6) 찜요리(蒸し物, むしもの, 무시노모)

증기의 기화열을 이용하여 조리한 것으로서, 증기가 계속 올라오고 있는 동안은 타지 않으며 재료모양의 변형이 없다. 또한 맛과 향, 영양소의 파괴가 없으며, 조작도 간단하나 조리 도중에 조미하기 어렵다. 비교적 담백한 재료에 적당한 조리법이다. 찜 요리에서 중요한 것은 역시 온도의 조절과 찌는 시간의 조절로 먼저 충분히 증기를 올린 다음에 재료를 넣어 요리하여야 한다.

1) 사카무시(酒蒸し, さかむし)

재료에 술을 뿌려 쪄낸 요리를 말하며, 재료에 소금으로 간을 하여, 다시마를 그릇에 깔고 술을 뿌려 쪄낸다. 식재료 자체의 맛을 살리는 대표적인 조리법인 동시에 일본 특유의 찜요리 방법으로서 재료로는 조개류나 흰살 생선, 닭고기 등이 이용된다. 옥도미 술찜(アマダイの酒蒸し), 대합 술찜(はまぐりの酒蒸し) 등이 대표적이다.

2) 차완무시(茶碗蒸し, ちゃわんむし)

도자기 찻잔 그릇을 이용해 달걀찜을 한 요리로, 간장과 소금, 미림으로 간을 한 다시(だし)에 달걀을 풀어서, 도자기 그릇에 넣어 쪄낸 것을 말한다. 재료로는 담백한 맛의 흰 살

생선과 닭고기, 새우, 어묵, 은행, 송이버섯, 밤 등이 들어가며, 달걀과 다시의 비율은 1 : 3이 일반적이며, 뚜껑을 덮어 15분 정도 약한 불에서 쪄낸다.

3) 도빙무시(土瓶蒸し, どびんむし)

작은 질주전자에 재료와 소금, 연한 간장으로 간을 하고 맑은 국물인 스이다시(吸だし)를 부어 넣어 직접 불에 올려 익혀 내거나, 찜통에 주전자 채로 쪄내는 찜이다. 찜통을 이용할 경우에는 강한 불로 익혀내야 한다.

4) 신슈무시(信州蒸し, しんしゅうむし)

소바무시(そば蒸し)라고도 한다. 메밀국수로 생선을 감싸거나 얹어 쪄낸 찜요리로 소바다시(そばだし)와 야쿠미(薬味)를 곁들여 먹는다. 가을부터 겨울에 주로 많이 제공되는 찜이다.

(7) 무침요리(和え物, あえもの, 아에모노)

생선, 채소, 조개 등의 재료에 양념이나 소스 등을 곁들여 무쳐낸 것으로서, 되도록 먹기 직전에 무쳐야 재료의 수분이 빠져나오지 않는다. 반드시 시원하게 제공되도록 조리하는 시간과 온도를 잘 살펴서 무치는 것이 중요하며, 맛이 약한 채소의 경우에는 미리 간을 하거나 익혀서 조리하는 경우도 많다.

1) 오로시아에(下ろし和え, おろしあえ)

삼배초(三杯酢)나 아마즈(甘酢, 단촛물) 등에 무즙을 첨가해 차갑고 산뜻하게 맛이 나도록 재료를 무친 것으로서, 무즙 대신에 오이즙을 사용한 경우에는 미도리아에(緑和え)라고 한다.

2) 스미소아에(酢味噌合え, すみそあえ)

된장에 식초를 넣어 만든 스미소(酢味噌, 초된장)로 재료를 무쳐낸 것으로서, 때에 따라서는 겨자를 첨가하기도 한다. 비린내가 날 수 있는 등푸른 생선과 모시조개 등의 어패류와 파, 땅두릅 등의 채소류, 그리고 미역 등의 해조류 등을 이용한다.

3) 시라아에(白和え, しらあえ)

주로 푸른색 채소에 흰깨를 볶아서 갈은 것과 두부를 삶아 수분을 짜낸 것을 섞어서 설탕, 간장, 소금 등으로 맛을 내어 무쳐낸 무침이다.

4) 고마아에(ごま和え, ごまあえ)

볶은 흰깨 또는 검정깨를 곱게 갈아서 간장과 소량의 미림 또는 설탕을 넣어서 양념을 만들고 미나리, 쑥갓, 시금치, 가지, 죽순 등의 재료를 무쳐낸 요리이다.

5) 우노하나아에(卯の花和え, うのはなあえ)

비지에 미림, 식초, 소금, 설탕 등의 양념을 하여 수분이 남지 않을 정도까지 바짝 볶은 후 식혀서 여기에 소금이나 식초에 절였다가 가늘게 썰어 놓은 정어리, 전어, 전갱이 등의 생선에 넣어 무쳐낸다. 연근, 당근, 죽순 등을 미리 삶은 것을 이용하기도 한다.

6) 히타시모노(浸し物, ひたしもの)

실제로 재료를 섞어 무쳐낸다기보다는 무침에 사용하는 초된장, 깨간장 등을 재료 위에 뿌려서 제공한다. 주로 데친 시금치나 청경채 등의 푸른 채소와 가지 등을 무친다.

(8) 초회(酢の物, すのもの, 스노모노)

새콤달콤한 혼합초를 재료에 곁들여 내는 요리로서, 계절감을 가지고 청량감을 주어 식욕을 자극하며, 요리의 코스 중간에 제공하여 입맛을 잠깐 쉬게 하는 역할도 한다. 일반적으로 재료는 선도가 중요하며, 때에 따라서는 소금이나 식초에 절여 사용하거나, 굽거나, 데쳐서 사용하기도 한다. 조직감을 좋게하기 위해 노력을 기울이며 미역이나 오이, 해초류 등과 어패류들을 담아낸다. 주로 사용되는 혼합초로는 산바이즈(三杯酢, 삼배초)를 주로 사용하며 니바이즈(二杯酢, 이배초), 아마즈(甘酢, 단촛물), 고마즈(胡麻酢, 참깨초) 등이다. 재료에 따라 음식의 이름이 결정된다.

1) 나마코 스노모노(なまこ酢の物, なまこすのもの)

손질한 해삼에 오이나 미역 등의 채소와 해조류를 가지런히 담아 잘게 썰어 실파를 곁들인 것으로 폰즈(ポン酢)를 곁들여 먹는다.

2) 타코 스노모노(たこ酢の物, たこすのもの)

문어를 소금으로 닦고, 녹차와 간장을 약간 넣어 삶아 질기기 않도록 잔물결 썰기(細波作り)하고 여기에 미역과 오이와 함께 담고 삼배초(三杯酢)를 뿌려낸다.

3) 카이소 스노모노(かいそう酢の物, かいそうすのもの)

미역, 갈래곰보, 해파리 등의 각종 해조류 모둠에 고마다래(ごま垂れ, 깨를 넣은 조미 양념)를 뿌려 먹는다.

4) 모리아와세 스노모노(盛り合わせ酢の物, もりあわせすのもの)

오이, 초연근 등의 채소류와 미역, 갈래곰보 등의 해조류, 삶은 꽃게, 문어, 새우와 초절임한 전어, 그리고, 가리비 등의 어패류 재료들을 각각 손질하여 한데 모아 담고 삼배초(三杯酢)를 뿌려 제공한다.

(9) 냄비요리(鍋物, なべもの, 나베모노)

냄비요리는 주방에서 미리 준비를 한 식재료를 먹는 사람 앞에서 끓여가며 그 자리에서 먹는 따뜻함과 친밀감이 있는 요리이다. 재료의 맛과 모양에 좌우되므로, 쓴 맛이 강하거나 부서지기 쉬운 재료는 피한다. 냄새가 나는 것은 미리 시모후리(霜降り)하여 제거하고, 쓴 맛이 나는 채소는 미리 데쳐서 사용한다. 냄비요리의 용기로는 식탁에 올려놓기에는 열효율이 높은 질그릇이 적당하다. 금속제에 비해 가열 시간이 다소 걸리지만, 보온성이 좋고 열용량이 크므로 재료가 잘 익는다. 물을 넣어 끓이는 유데루나베(ゆでる鍋), 연한 간을 해서 끓이는 니루나베(煮る鍋), 야키나베(焼き鍋)처럼 진하게 간을 해서 끓이는 종류로 구분된다.

1) 유데루나베(ゆでる鍋, ゆでるなべ)

재료가 가진 맛을 그대로 살리기 위해, 물을 부어 끓이는 요리로 끓이는 도중에 양념하지 않고 각자의 폰즈(ポン酢)나 쇼유(しょう油, 간장)를 찍어 먹는다. 흰살 생선과 계절 채소, 두부 등을 넣어 끓인 맑은 국물의 치리나베(ちり鍋), 두부를 넣고 끓이면서 양념간장이나 폰즈를 찍어 먹는 유도후나베(湯豆腐鍋), 닭고기 국물에 채소와 닭고기를 한입크기로 썬 것을 넣고 끓이면서 폰즈를 찍어 먹는 미즈타키나베(水炊き鍋) 등이 있다.

2) 니루나베(煮る鍋, にるなべ)

여러 가지 재료를 합하여 조미료로서 간을 한 것으로서, 하나하나의 재료에 의한 배합에 따라 맛이 달라진다. 여러 가지 재료를 합하여 조미료로 연하게 간을 해서 끓인 냄비요리로, 하나하나의 재료에 의한 배합에 따라 맛이 달라진다. 어패류, 닭고기, 채소류 등의 각종 재료를 맑은 국 정도의 국물로 끓여가면서 국물과 함께 건져먹는 요세나베(寄せ鍋), 일본의 스모선수들이 끓여먹던 독특한 냄비요리로, 미즈타키(水炊き)와 요세나베(寄せ鍋) 두 가지 형태로 존재하는 챠코나베(ちゃんこ鍋), 어묵을 주재료로 하고 곤약, 무, 달걀, 유부 등을 넣어 푹 끓여낸 오뎅나베(おでん鍋) 등이 있다.

3) 야키나베(焼き鍋, やきなべ)

야키나베(焼き鍋)는 질그릇을 사용하지 않고 철로 된 냄비를 사용하며, 고기나 채소를 구워가면서 먹는 것을 말한다. 대표적으로 스키야키(すき焼き)가 있다. 일본 특유의 고기요리로서 우시스키(牛すき), 우시나베(牛鍋)라고도 한다. 육식을 금지한 시대에 야외에서 냄비대신에 스키(犂)라고 불리던 농기구를 이용하여서 고기를 구워먹었으며 이것이 스키야키(すき焼き)의 어원이라고 할 수 있다. すき(鋤)는 농기구 호미 또는 가래를 뜻하며, '저민 고기'라는 뜻도 있다. 메이지유신(1868) 이후 육식이 허용되면서 냄비에 고기와 채소를 함께 끓이면서 먹는 하나의 형식을 갖춘 스키야키(すき焼き)가 유행하기 시작했고 1900년대 초에 이르러 가정 요리로까지 광범위하게 보급되었다. 스키야키(すき焼き)의 관동지방과 관서지방의 요리법은 식재료가 거의 같으나, 먹는 방법과 맛을 내는 방법에 약간 차이가 있다. 관동에서는 와리시타(割り下; 다시, 간장, 미림, 조미료 등을 혼합하여 만든 국물)라는 양념을 만들어 혼합된 양념장을 뿌려가며 조리하지만, 관서지방에서는 설탕먼저 뿌리고, 간장, 청주 등을 입맛에 따라 직접 간을 해가며 조리한다. 뜨거운 음식을 먹기 좋게 식히고 부드러운 맛을 내기 위하여 달걀 푼 것을 찍어 먹기도 한다. 어느 정도 먹고 난 후, 남은 국물에다가 우동이나 떡 등을 넣어 끓여 먹으면 또 하나의 요리가 될 수 있다.

(10) 밥(ご飯, ごはん, 고항)

1) 고항(ご飯, ごはん, 밥)

메시(めし)라고도 한다. 쌀로만 지은 밥을 베이항(米飯) 또는 항마이(飯米)라고 하며, 찹쌀을 찐 지에밥은 오코와(おこわ), 쌀에 다른 식재료를 섞어 짓는 카테메시(かて飯), 어패류, 생선 및 채소를 넣고 간을 해서 지은 타키코미고항(炊き込みご飯), 이미 지은 밥에 조미한 재료를 섞는 마제고항(混ぜご飯) 등이 있다.

2) 돈부리모노(丼もの, どんぶりもの, 덮밥)

밥 위에 반찬이 되는 음식을 얹어 한 그릇으로 제공하는 음식이다. 밥과 반찬을 따로 내는 일본 음식의 형태에서 벗어난 일본 요리 중에는 그리 오래 된 식사 형식이 아니다. 돈부리는 무로마치시대 호우한(芳飯)이라는 음식에서 유래되었고, 덮밥을 담는 그릇은 돈부리바치(どんぶり鉢)라 부르며, 그릇을 손에 들어 입에 대고 젓가락으로 떠먹는다.

3) 오차즈케(お茶づけ, おちゃづけ, 차밥)

쌀밥에 차를 부어먹는 깔끔하고 담백한 맛의 음식으로 차 대신 맹물을 부은 것을 유즈케(湯漬け)라고 한다. '녹차'를 뜻하는 '오차(お茶)'와 '담그다'라는 뜻의 '츠케루(漬ける)'가 합쳐진 이름이다. 김을 넣은 노리차즈케(のり茶づけ), 도미를 넣은 타이차즈케(たい茶づけ), 고추냉이를 넣은 와사비차즈케(わさび茶づけ)라고 한다.

(11) 절임류(漬物, つけもの, 츠케모노)

소금·초·된장·술지게미 등에 가지, 배추, 오이 등의 다양한 채소를 절인 일본의 대표적인

발효 식품으로, 코우노모노(香の物) 또는 오씽코(おしんこ)라고 부르기도 한다.

음식을 먹을 때 입안을 깔끔하게 해주는 역할로 주로 반찬으로 곁들여 진다..

1) 시오즈케(塩漬, しおづけ, 소금절임)

배추 등의 채소류를 소금에 절인 것으로서 매실을 소금과 식초에 절인 우메즈케(梅漬け), 우메즈케를 말린 우메보시(梅干し) 등이 있다.

2) 누카즈케(糠漬, ぬかづけ, 쌀겨절임)

쌀겨에 설탕 혹은 소금을 넣은 시오누카(塩ぬか)에 과즙, 미림, 향신료, 가쯔오부시, 다시마 등을 넣어 조미한 것에 절인 채소를 말한다. 대표적으로 타구앙즈케(たくあん漬け)가 있다.

3) 스즈케(酢漬, すづけ, 초절임)

우선 소금에 한번 절인 것을 조미한 초에 담가 절이는 것으로 락교, 오이, 양배추, 셀러리 등을 이용할 수 있다.

4) 카스즈케(粕漬け, かすづけ, 술지게미절임)

술이나 미림을 만들고 남은 지게미에 설탕류, 미림, 향신료 등을 넣어 절인 것이다. 나라즈케(奈良漬け), 와사비즈케(わさび漬け), 산카이즈케(山海漬け) 등이 있다.

5) 미소즈케(味噌漬け, みそづけ, 된장절임)

적된장에 설탕, 미림, 술, 향신료 등을 섞어서 재료를 절인다.

6) 쇼유즈케(しょう油漬け, しょうゆづけ, 간장절임)

설탕, 미림, 향신료, 가쯔오부시, 다시마 등으로 조미한 간장에 채소를 절인 것이다. 후쿠진즈케(福神漬け)는 무, 가지, 참외, 오이, 생강, 작두콩, 연근, 들깻잎, 죽순, 표고버섯 혹은 고추를 얇게 썬 것 중에서 5종류 이상을 주재료로 사용한 츠케모노(つけもの)이다.

7) 코우지즈케(こうじ漬け, こうじづけ, 누룩절임)

소금에 절인 채소를 쌀누룩과 설탕, 미림, 향신료를 섞어 절인 것으로서, 다른 절임보다 단맛이 강하다. 무로 만든 벳타라즈케(べったら漬け)가 대표적이다.

8) 카라시즈케(からし漬け, からしづけ, 겨자절임)

채소를 겨자, 소금, 누룩 등으로 절인 것으로서, 특히 작은 가지를 그대로 절인 것이 유명하다.

9) 모로미즈케(もろみ漬け, もろみづけ, 전국절임)

모로미(諸味·醪, 거르지 않은 술 또는 간장)에 무, 오이, 생강 등의 채소를 절인 것으로서, 단시간 절이며 절인 재료는 씻지 않고 그대로 먹는다.

(12) 과자(お菓子, おかし, 오카시)

1) 나마가시(生菓子, なまがし, 생과자)

생과자라고도 한다. 수분의 함량이 가장 많은 과자로 부드럽게 떠먹을 수 있도록 만든 요우깡인 미즈요우깡(みずようかん), 밀가루나 전분반죽에 팥앙금 등 여러 가지 소를 넣고 찜통에 쪄서 만든 무시만쥬(蒸し饅頭) 등이 있다.

2) 한나마가시(半生菓子, はんなみがし, 반생과자)

수분의 함량이 나마가시와 히가시의 중간인 과자로 삶은 팥 등에 설탕을 버무린 아마낫토(甘納豆), 쌀가루를 반죽하여 얇게 밀어 구운 것에 팥소를 넣은 모나카(もなか)가 대표적이다. 당고(団子)는 곡물 가루를 반죽해 둥글게 성형한 후 찌거나 삶아 익히고 콩고물을 묻히거나 간장과 팥소로 양념한 것으로 꼬치에 끼우기도 한다.

3) 히가시(干菓子, ひがし, 마른과자)

수분의 함량이 가장 적은 과자로 생과자에 비해 보존성이 좋다. 구워서 만드는 센베이(せんべい), 튀긴 곡물에 깨·콩 등을 섞어 물엿과 설탕을 입힌 오코시(おこし), 각종 가루를 틀에 넣고 성형하는 라쿠간(落雁) 등이 있다. 다도의 발전에 따라 에도 시대부터 급속히 보급된 것으로, 종류도 고급스러운 것부터, 이른바 막과자의 종류까지 매우 많다.

(13) 음료(飲み物, のみもの, 노미모노)

1) 오차(お茶, おちゃ)

부드러운 찻잎을 채취하기 위해 덮개를 씌워 햇빛을 차단하며 재배한 고급 차인 교쿠로(玉露), 햇빛을 차단하고 재배한 찻잎을 쪄낸 후 그늘에서 말린 후 곱게 갈아 분말 형태로 만들어 이를 물에 타 마시는 진녹색의 맛차(抹茶)가 있다.

센차(煎茶)는 쪄낸 찻잎을 손으로 비비며 말린 후 뜨거운 물로 우려내는 일반 잎차로 가장 일반적인 일본차이며, 그 외에 큰 찻잎이나 줄기를 강한 불에 볶아서 만든 차로 단맛과 구수한 향이 특징인 호지차(ほうじ茶), 녹차 잎과 쪄서 건조시킨 현미를 볶아 섞은 구수한 맛의 겐마이차(玄米茶) 등을 마신다.

2) 오사케(お酒, おさけ)

일반적으로 쌀과 누룩과 물을 주원료로 발효시켜 조주한 일본 전통주이며 일본 주세법상 청주에 속하며, 간단히 사케(酒, さけ)라고 부르기도 하나 사케는 청주를 포함한 모든 술을 말하는 것이다. 일본에서는 청주를 세이슈(清酒, 청주) 또는 니혼슈(日本酒, 일본주)라고 부른다.

(14) 초밥(寿司, すし, 스시)

'鮓(스시)', '鮨(스시)', '寿司(寿し, 스시)'로 표현한다. 일반적으로 밥에 소금과 식초, 설탕을 섞은 '초밥'에 각종 재료를 더해 손으로 쥐거나 형태를 잡은 음식이다. 예전에는 어패류와 새우 등을 염장하여 자연스럽게 발효시켜 신맛을 내었으나, 후에 많은 변천을 통해 밥에 초밥용 아와세즈(合わせ酢, すしず)를 넣고 비벼서 손으로 쥐어 먹을 수 있는 니기리즈시(握り寿司)에 이르고 있다.

1) 카미가다즈시(上方鮓, かみがたずし, 관서식 초밥)

모양과 형태의 변화가 다양하고, 재료의 취급 방법이나 스시의 형태 변화에 따라 이름을 붙이는 경향이 있다. 오시즈시(押し鮓, 누름초밥), 하코즈시(箱鮓, 상자초밥), 사바즈시(鯖鮓, 고등어초밥), 후토마키(太巻き, 굵은 김초밥), 다테마키(だて巻き, 구운 계란말이 초밥), 카미가타바라즈시(上方風ばら鮓, 관서식 찌라시즈시), 무시즈시(蒸し鮓 , 찜초밥)

2) 에도마에즈시(江戸前鮨, えどまえずし, 관동식 초밥)

관서식 초밥에 비해 스시의 형태는 몇 개로 단순하나 다양한 재료를 사용하는 특징이 있다. 특히 어패류를 많이 이용한다. 니기리즈시(握り寿司, 쥠초밥), 마키모노(巻き物), 치라시즈시(散らし鮓, 흩뿌림 초밥)가 가장 대표적인 스시이다. 이 외에도 노리마키즈시(海苔巻き, 김초밥), 후토마키(太巻き, 굵은 김초밥), 데마키(手巻き, 손말이 초밥), 이나리즈시(いなり寿司, 유부초밥), 에도마에사이쿠즈시(江戸前細工鮨, 관동식 세공초밥) 등도 있다.

(15) 굳힘요리(寄せ物, よせもの, 요세모노)

칸텐(寒天, 한천)이나 젤라틴이 응고되는 성질을 이용하여 단단하게 굳힌 음식으로, 단맛을 첨가해서 만든 요우깡(羊羹), 생선의 젤라틴을 이용해 만든 니코고리(煮こごり), 생선살을 곱게 갈아 성형하여 굳힌 네리모노(練りもの) 등이 있다.

1) 요우깡(羊羹, ようかん)

요우깡(양갱)은 일반적으로 팥앙금에 설탕과 한천을 넣어 굳힌 화과자의 일종으로 한천을 많이 넣어 단단히 굳힌 것을 네리요우깡(煉羊羹), 한천의 양을 적게 넣어 만든 부드러운 미즈요우깡(水羊羹)등이 있다. 한천이 아닌 밀가루, 갈분를 넣고 찜통에 넣어 찐 것을 무시요우깡(蒸し羊羹)이라고 한다.

2) 니코고리(煮凝り, にこごり)

니코고리(にこごり)는 젤라틴이 많은 생선이나 생선 껍질, 고기 육수 등을 식혀 젤리처럼 굳혀 만든 것으로 주로 차게 먹는다.

3) 스리미(すり身, すりみ)

네리모노(練りもの)의 일종이다. 흰살 생선살을 곱게 다져 끈기가 나도록 스리바치(すり鉢)에 아주 곱게 간 다음 전분, 산마, 달걀 흰자, 니다시(煮だし), 맛술 등을 섞어 간을 한 후 고운체에 내려 받친 것이다. 부드럽고 끈기가 나는 것이 좋은 것이며, 익혀서 국의 완다네(椀種)로 이용하기도 한다.

(16) 면요리(麺類, めんるい, 멘루이)

관동지방의 면요리는 진한 간장을 사용해 색이 진하며 메밀국수를 중심으로 발달하였고, 관서지방의 면요리는 옅은 간장을 사용해 색이 연한 우동류가 주를 이룬다.

1) 소바(蕎麦, そば)

대나무발에 삶은 메밀면을 얹어 내는 자루소바(ざる蕎麦), 일본식 튀김을 얹어 내는 덴뿌라소바(天ぷらそば), 국물과 함께 제공되는 카케소바(かけそば), 산마즙을 얹어 내는 야마카케소바(山かけそば) 등이 있다. 메밀국수를 먹고 난 다음에는 소바다시(そばだし)와 메밀국수를 삶은 물인 소바유(そば湯)를 혼합하여 먹는다.

2)우동(饂飩, うどん)

손으로 우동면을 뽑은 데우치우동(手打ちうどん), 유부가 들어간 키쯔네우동(きつねうどん), 전분물을 풀어 걸쭉한 앙가케우동(餡掛けうどん), 나베우동(鍋焼うどん) 등이 있다.

3) 소멘(素麺, そうめん)

차갑게 먹는 히야시소멘(冷やしそうめん), 생선뼈를 이용해 국물을 뽑은 후 따뜻하게 먹는 쿄멘(漁めん), 차가운 생선육수에 면을 적셔 먹는 히야시쿄멘(冷やし漁めん) 등이 있다.

6. 일본요리의 기본 다시(だし)

일본요리의 기본 국물(出し, だし, 다시)은 순간적인 타이밍이 가장 중요하다. 관동요리는 맛이 농후하기 때문에 기본 국물이 담백한 것이 어울리므로 가쯔오부시(かつおぶし, 가다랑어포)만으로 국물을 내지만, 관서요리는 맛이 담백하기 때문에 국물은 가다랑어포와 다시마를 함께 사용해서 맛을 낸다. 현재는 일반적으로 가다랑어포에 다시마의 맛을 더한 국물을 사용한다.

(1) 재료

1) 가쯔오부시(鰹節, かつおぶし, 가다랑어포)

다시(だし)의 재료 중 가장 대표적인 것으로 가다랑어로 만들어진다. 3~5월에 걸쳐 잡은 길이 약 1m 내외의 가다랑어로 만든 것이 지방함량이 적고 품질이 좋다.

2) 콘부(昆布, こんぶ, 다시마)

일본요리의 국물은 현재 가다랑어포와 다시마의 혼합 국물을 기준으로 하고 있다. 두껍고 표면에 흰 가루가 많이 붙은 것이 품질 좋은 다시마다.

3) 니보시(煮干し, にぼし, 작은 생선을 삶아 말린 것)

말린 식재료를 국물을 뽑는 재료로 이용하는데 주로 멸치로 국물을 낸다. 국물은 감칠맛을 내는 특징이 있다. 말린 멸치는 마른 팬에 살짝 볶아 비린내를 제거한 후에 사용하는 것이 좋다.

(2) 기본 다시(出し) 내는 법 – 관서풍

국물 중에서 기본이 되는 것은 1번 우려낸 이찌반다시(1番出し, 1번다시)와 2번째로 우려낸 니반다시(2番出し, 2번다시)가 주로 이용되며, 요즘은 세 번 우려낸 삼반다시(3番 出し, 3번다시)는 사용하지 않는다. 이찌반다시는 완모노(椀もの, 국), 스이모노(吸い物, 맑은 국의 국물), 니모노(煮物, 조림) 등의 국물 또는 식품을 절이는 용도에 이용되고 니반다시는 니모노(煮物, 조림)와 된장국 등에 사용한다.

1) 이찌반다시(1番出し, いちばんだし, 1번다시)

물에 적신 후 꼭 짠 면포로 다시마 표면의 먼지와 흰 가루 등을 닦아내고, 찬물에서부터 우려내기 시작하여 데우듯이 가열한다. 다시마는 물 2리터를 기준으로 10×30cm정도를 넣는다. 가쯔오부시는 마른 체에 쳐 여분의 가루를 걸러내어 준비한다. 중불로 데우기 시작해 끓는 거품이 냄비표면에 올라오기 시작하면 다시마를 건진다. 준비한 가쯔오부시를 넣고 냄비에 넣고 가쯔오부시가 가라앉으면 떠오른 거품을 건지고 불을 끈다. 젖은 면포에 끓인 다시를 걸러 준비한다. 면포를 짜지 않아야 국물이 탁해지지 않는다.

2) 니반다시(二番だし, にばんだし, 2번다시)

이찌반다시에 사용되었던 다시마와 가쯔오부시에 동량의 찬물을 넣어 중불로 은근히 끓이다가 끓기 직전에 소량의 새 가쯔오부시를 넣고, 한번 끓어오르면 불을 끄고, 거품을 제거하고 젖은 면포에 거른다. 이때는 살짝 면포를 짜주어도 된다.

(3) 다시(出し) 국물 낼 때의 주의 점

가쯔오부시의 맛 성분은 이노신산(inosinic acid)과 히스티딘(histidine)이라는 아미노산의 맛이며, 국물을 낸다는 것은 이 맛 성분만을 물 속에 추출하는 것이다. 그러므로 과도하게 가쯔오부시의 맛이 국물에 추출되면 좋지 않은 맛이 우러난다. 따라서 국물을 낼 때는 뜨거운 물에서 가능한 한 단시간에 맛난 성분이 추출되도록 가쯔오부시를 얇게 깎는 것을 사용하고 끓는 물속에 넣은 후 끓으면 바로 불을 끄는 것이다. 장시간 끓여서 국물에 나쁜 맛이 우러나오지 않게 하는 것이 중요하다.

가쯔오부시를 많이 사용한다고 해서 맛있는 국물을 낼 수 있는 것은 아니고 물의 양에 4~5% 정도면 충분하다. 그 이상을 넣고 장시간 끓이면 가쯔오부시에 함유된 나쁜 맛 성분까지 추출되므로 주의해야 한다.

가쯔오부시는 독특한 향이 있으며, 이 향은 식재료에 가미되어야하므로 향을 날리지 않는 것이 중요하다. 장시간 끓이게 되면 향이 날아가 버린다. 그리고 국물을 잘 내어도 그대로 두면 찌꺼기 안에 맛 성분의 일부가 다시 흡수되므로 빨리 거를 필요가 있고, 거른 다음 아주 소량의 소금을 첨가하면 맛이 재흡수되는 것을 어느 정도 막을 수 있다. 또한 장시간 가열은 생선 특유의 비린내인 피페리딘(piperidine)과 트리메틸아민(trimethylamine) 등의 물질로 인하여 떫은맛과 산미까지 추출된다.

7. 일본 음식의 조미료

헤이안시대(平安時代)부터 소금(塩)과 식초(酢), 술(酒)과 간장(醤油) 등 4종류가 조미료로 이용되었으며, 이것이 일본 음식 문화적으로 볼 때 일본의 조미료의 원점이 된다. 궁중에서

열린 대향(大饗)이라 불리는 연회에서 귀족(公家)에게 하사했던 연석요리(宴席料理)에도 이 4종류의 조미료가 있었으며, 각자가 마음에 드는 양념을 선택해서 먹었으며 이를 사종기(四種器)라고 불렀다. 이 중 소금과 식초는 아주 중요한 역할을 하며, 식초는 매실초(梅酢)를 기본으로 하고, 감귤식초(柑橘類) 등이 사용되었다. 소금과 식초는 요리를 하는데도 매우 유용한 것으로, 소금으로 마무리 하고, 식초로 씻거나, 식초로 마무리하거나 하면 비린내(生臭み) 등의 나쁜 냄새를 지울 수도 있고 보존성도 증가한다. 이 소금과 식초를 사용하면 대개의 식품을 가공하거나 양념해서 먹을 수 있고, 사용의 비중에 따라 맛있게도 맛없게도 만들 수 있다. 그런 이유로 「塩梅」 라고 표기했고 「えんばい」 또는 「あんばい」라고 읽었으며, 조미(調味)된 상태를 볼 때 사용하는 용어가 되었다. 음식에서 「塩梅이 좋다」라고 하는 것은, 조미(調味)가 정확히 맞아 맛있고 좋다라고 하는 것이 된다.

(1) 일본음식에 있어서의 간(塩梅)과 가감(加減)

일본음식을 조리하는 과정에서 자주 카겐(加減, かげん)이라는 말을 사용한다. 화력조절(火加減), 간조절(味加減) 등 이라는 말이 쓰이는데, 가감(加減)이 정확하고 좋다라고 하는 의미를 지니듯이, 음식의 간(塩梅, あんばい)도 같은 의미로 사용된다. 가감이라고 하는 의미는 더하거나 빼거나 하여, 정확히 좋은 맛을 내도록 하는 것이다. 간(塩梅)이나 가감(加減)도 모두 맛만을 내기위한 것이 아니고 음식을 만드는 모든 면에서 폭넓게 이용되고 있는 말이다. 간(塩梅) 또는 가감(加減)이 나쁘다고 하는 것은 정확히 좋은 이상적인 상태에서 어긋나 밸런스가 깨진 나쁜 상태를 의미하는 것이다.

일본의 가산혼합(加算混合)과 감산혼합(減算混合) 요리(料理)

일반적으로 조리를 하는 것은 식재료를 먹기 쉬운 형태로 조직감을 변형시키고, 여기에 맛을 더하는 양념을 하는 단계(味付け)로 이루어진다. 일본요리에 있어서의 조미료를 사용해 맛을 내는 단계에서 와리(割り)라고 하는 말이 자주 사용되는데, 이는 식재료에 조미료를 첨가하는 방식이 비율단위로 이루어지는 독특한 방식이다. 각 조미료의 첨가 비율이 이상적이면 맛있는 요리를 만들 수 있다는 개념이다. 즉, 식재료에 다양한 조미료를 첨가면 맛이 농후해지지만, 이 경우에도 맛의 조화라는 것을 생각해야 정말로 맛있게 만들어 지고 이를 각 조미료의 비율로 조절할 수 있다는 것이다.

식재료가 지닌 자체의 맛에서 맛있는 성분을 이끌어내는 방법을 가산혼합의 요리(加算混合の料理)법이라 한다. 또한 식재료에서 불쾌하거나 의도하지 않은 맛없는 성분을 빼내고 보다 이상적인 맛을 만들어가는 방법을 감산혼합의 요리(減算混合の料理)법이라 한다. 일본 요리는 바로 감산혼합의 요리(減算混合の料理)이라 할 수 있다. 예를 들어 「국물을 내다(出汁を

取る)」라는 말이 나타내는 것은 국물을 내는 식재료의 맛들 중에서 지미성분(旨味成分)만을 추출해 내는 것이다. 「쓴맛을 빼다(アクを引く)」는 식재료가 원래 가지고 있는 나쁜 성분이나 맛은 빼내버리고, 좋은 것만을 남겨두는 조리법이다. 유비키(湯引き)라고 하는 조리법 등에서도 비린내(臭味)가 있는 생선을 뜨거운 물속에 통과시켜 악취성분은 뜨거운 물로 제거하고, 좋은 맛과 향만을 조리에 이용하는 개념인 감산혼합 요리(減算混合の料理)이다. 이와 같이 식재료가 지닌 자체의 결함을 제거한 것을 조리에 이용하면서 가산(加算)하기 때문에, 맛은 담백하게 되고 깨끗하며 정갈해진다.

(2) 일본음식의 조미료 사용 순서

일본 요리법에서 맛을 들일 때는 조미료를 사용하는 순서가 일반적으로 오십음도 さ行의 순서인 さ, し, す, せ, そ로 정해져 있기는 하지만 사용되는 재료의 종류에 따라 변형되어 다르게 쓰이기도 한다. 채소를 맛을 들일 때는 설탕→소금→간장→식초→된장 순으로 사용하며, 생선류의 맛을 들일 때는 조리용 술→설탕→소금→식초→간장 순으로 조미한다.

1)さ: 砂糖(さとう, 설탕), お酒(おさけ, 술)

조미료 중에서 설탕은 열을 가해도 맛의 변화가 별로 없어 식재료에 가장 먼저 맛을 들인다. 또한 술은 알코올의 작용으로 재료가 부드러워지고 나쁜 냄새를 없애주는 효과가 있다.

2) し: 塩(しお, 소금)

소금 역시 열에 변화가 없지만 일단 맛이 들어 버리면 그 맛을 고치기 힘들기 때문에 설탕 뒤에 사용하는 것이 좋다. 소금은 설탕보다 먼저 사용하면 재료의 표면이 단단해져 재료의 속까지 맛이 스며들지 않는다.

3) す: 酢(す, 식초)

식초는 다른 조미료와 합쳐졌을 경우 신맛이 증가하고, 짠맛을 대용할 수 있는 조미료이기 때문에 요리의 맨 나중에 넣어 식초의 맛을 조절하는 것이 좋다.

4) せ: 醤油(しょうゆ, 간장)

음식의 색깔에 따라 옅은 간장과 진한 간장을 선택한다. 간장은 색깔, 맛, 향기가 중요하기 때문에 한 번에 넣어 맛을 들이는 것 보다는 2~3회 나누어 넣는 것이 재료의 속까지 골고루 맛이 스며든다. 특히 요리가 다 되기 직전에 약간의 남은 간장을 넣으면 향기가 좋아진다. 조림이나 끓이는 요리를 할 때는 계속 지켜봐야 한다.

5) そ: みそ(味噌), グルタミン酸(glutamic 酸)

된장(みそ)에 포함된 소금으로 인해 설탕보다 먼저 들어가서는 맛을 들이기 어려우며, 된장 자체의 끈기로 인해 오래 가열하면 입자가 서로 엉겨 붙기 쉽다. 또한 향과 풍미를 위해서도 지나치게 가열하지 않는 것이 좋다.

화학 조미료는 음식을 거의 완성하고 맛을 봤을 때 뭔가 허전하고 약간 부족하다는 느낌이 들 때 조금만 넣어 음식이 완벽한 맛으로 조리가 끝날 수 있도록 한다. 맨 마지막에 아주 소량 사용할 수 있다.

8. 일본요리의 담는 법

일본음식을 담는 법은 음양오행설을 기초로 하며, 일반적으로 오른쪽부터 순서대로 담았다. 생선회(刺身)를 담는 경우도 산스이모리(山水盛り)라고 하여 멀리 있는 산, 중간쯤 있는 산, 가까이 있는 산으로 세 개의 산을 담고 세 개의 봉우리가 있도록 담아야 한다고 정해져 있다. 음식이 담겨진 모습이 마치 산수화를 보는 듯이 하나의 그릇 안에 자연의 풍경을 표현하도록 담는다.

일본요리를 담는 기본

- 요리를 만드는 것만큼 중요한 것이 담는 법이다.
- 그릇의 그림이 먹는 사람의 정면에 오도록 담는다.
- 그릇의 바깥쪽에서 안쪽으로, 오른쪽에서 왼쪽으로 담는 것이 기본이다.
- 생선의 머리는 왼쪽, 배는 자기 앞으로 오게 담는다.
- 생선의 껍질이 위쪽으로 보이게 담는다.
- 민물생선은 오른쪽에 바다생선은 왼쪽에 담는다.
- 홀수로 담는 것이 원칙이며, 요리가 4점이 되는 것은 피한다.
- 계절감을 나타내게 담는다.
- 곁들임 요리에 신경을 쓴다.
- 먹는 사람을 배려하고 아름답게 담는다.

(1) 맑은 국(汁物, しるもの, 시루모노)

완(椀, 공기)은 대개 옻칠을 하였으며 뚜껑이 있다. 장식이나 문양보다도 손에 들기 쉽고 입에 닿는 느낌이 좋은 것을 선택한다. 국물의 주재료인 완다네(椀種), 부재료인 완쯔마(椀妻) 등이 흐트러지지 않게 한데 모아서 담는다.

(2) 생선회(刺身, さしみ, 사시미)

일반적으로 회를 말하며, 접시의 중앙에 장식하고 곁들임은 회 앞쪽으로 놓고 고추냉이 등의 매운맛 재료는 오른손 앞에 놓는다. 그리고 홀수로 장식하고 가늘게 저민 생선회는 한꺼번에 뭉치든지 하나로 모아서 담도록 한다. 예전에 바다생선은 잉어를 제외한 민물생선보다 상위에 담고, 고래는 바다에 사는 포유류이지만 아니지만 바다생선으로 여기며, 모든 생선 중에 가장 상위에 담았다.

(3) 구이(焼物, やきもの, 야키모노)

생선을 접시에 담을 때 머리 부분을 왼편, 배 부분을 먹는 사람의 앞쪽으로, 꼬리지느러미를 조금 오른편 위로 올리면 생동감 있게 느낄 수 있어 좋다. 자른 생선은 일반적으로 껍질 부분을 위로 하여 담는다.

(4) 조림(煮物, にもの, 니모노)

보통 상(膳)의 왼편 위쪽에 놓이는 것이 기본이며, 색감을 살리고 형태가 살아있게 담는다.

(5) 튀김(揚げ物, あげもの, 아게모노)

튀김은 기름이 배어 나오기 때문에 와시(和紙)라고 일컫는 일본식 전통 종이를 깔고 담은 후 장식한다. 도자기 이외에 죽제품, 목제품 등의 여러가지 재질의 식기에 담는다. 다이콩오로시(大根おろし, 무즙) 등의 야쿠미(薬味, 양념류)와 덴쯔유(天つゆ, 튀김용 찍어 먹는 간장)를 곁들인다.

(6) 찜(蒸し物, むしもの, 무시모노)

차완무시(茶碗蒸し), 도빙무시(土瓶蒸し, 주전자찜) 등의 요리에는 정식 그릇이 아닌 차완(茶碗, 찻잔), 도빙(土瓶, 질주전자) 등의 여러 가지 조리용 도구를 이용하기도 한다.

(7) 초회·무침(酢の物, すのもの, 스노모노·和え物, あえもの, 아에모노)

작은 그릇이나, 테두리가 높은 노조키(覗き, 안쪽을 들여다 볼 수 있는 작은 그릇)에 담는다. 일반적으로 수분을 제거하여 차게 한 식재료를 손님에게 제공하기 직전에 무쳐서 상에 낸다. 조리한지 오래되었을 경우 식재료에서 수분이 나와 싱싱함이 없어지고 색이 변하는 등 미관상 지저분하게 되며 맛도 떨어진다.

9. 일본요리의 상차림

일본어로 식단표(메뉴)는 오콘다테(お献立, おこんだて)라고 부른다.

[카이세키 요리 상차림]

일반적인 카이세키 요리의 형식은 대체로 다음과 같은 구성이다.

① **사키즈케**(先付け, さきづけ, 요리 전의 가벼운 음식)

② **젠사이**(前菜, ぜんさい, 전채)

③ **스이모노**(吸い物, すいもの, 국물)

④ **무코우즈케**(向付, むこうづけ, 생선회가 일반적)

⑤ **니모노**(煮物, にもの, 조림)

⑥ **야키모노**(焼き物, やきもの, 주로 생선구이)

⑦ **아게모노**(揚げ物, あげもの, 튀김)

⑧ **구찌나오시**(口直し, くちなおし, 입가심용 음식, 주로 스이모노)

⑨ **스노모노**(酢の物, すのもの, 초회)

⑩ **쇼쿠지**(食事, しょくじ, 식사): **고항**(ご飯, ごはん, 밥), **코우노모노**(香の物, こうのもの, 채소 절임), **토메완**(止め椀, とめわん, 된장국)

⑪ **쿠다모노**(果物, くだもの, 과일)

⑫ **오카시**(お菓子, おかし, 과자) / **맛차**(抹茶, まっちゃ, 말차, 차의 일종)

(1) 사키즈케(先付け, さきづけ, 요리 전의 가벼운 음식)

제일 처음 나오는 요리로 1품, 2품, 3품으로 낸다. 내용물은 소량으로 하되 너무 진한 맛과 향이 나는 것은 바람직하지 않으므로 일반적으로 무침요리(和え物), 나물요리 등을 낸다. '먼저 내다(お通し, おとおし)' 또는 '먼저 달리다(先走り, さきばしり)'라는 뜻을 지닌다. 진미(珍味)류인 경우 1품에 한해 소량으로 내는 것이 원칙이다. 그릇과 함께 계절감을 살린다. 작은 그릇에 음식을 담아 나간다 하여 코바치(小鉢, こばち), 코즈케(小付, こづけ)라고도 한다.

(2) 젠사이(前菜, ぜんさい, 전채)

전통적인 일본요리에는 전채라는 개념이 없었다. 메인이 되는 요리가 있는 경우에는 그 전에 전채로 식욕을 돋울 목적으로 술을 권하는 경우도 있지만, 일본요리는 음식 전부가 주채(主菜)이자 전부가 전채(前菜)와 같은 것이다. 지금의 젠사이는 러시아요리의 자쿠우스카와 중화요리의 냉채 등의 영향을 받아 쇼와시대(昭和時代) 초기 무렵부터 유행한 것으로 차카이세키요리(茶会席料理)의 핫슨(八寸; 일본정식에서 마지막에 내는 음식), 혼젠요리(本膳料理)의 쿠치토리자카나(口取ざかな, 달게 지진 생선요리) 등과 비슷한 것이다.

서양요리의 영향을 받아 진미와 더불어 본식사 전에 술과 함께 내는 안주요리로, 전채용 그릇에 3품, 5품 등 홀수로 음식을 조금씩 담아낸다. 현재는 기교를 다해서 양이 적고 보기에 아름다우며 미각적으로도 훌륭하고 요리자체에서 계절감을 느낄 수 있도록 메뉴를 구성한다. 정성을 들여 시각적으로 우아하고 식욕을 돋우는 목적으로 일본 코스요리에 빠지지 않는 편이다. 회석요리에서는 토오시자카나(通しざかな) 등의 명칭으로 불리기도 한다.

(3) 스이모노(吸い物, すいもの, 국물)

오완(お椀)이라고도 한다. 일본요리의 메뉴구성에서 생선회나 구이요리, 조림과 더불어 매우 중요한 위치를 차지하는 요리이다. 또한 음식의 향과 계절감, 시각적인 아름다움과 더불어 만드는 사람의 요리솜씨를 평가하는 중요한 음식이다. 스이모노(吸い物)는 국과 달리 주채(主菜, 주가 되는 부식)로서 만들어지는 것으로 밥과 같이 먹는 국과는 다르게, 스이모노는 술을 마시기 위한 국물요리이다. 따라서 혼젠요리에서는 汁(しる, 시루, 국)이라고 쓰지만 주찬식단에는 국이 없다. 시오지루(塩汁; 소금만 넣고 끓인 맑은 국)와 미소시루(味噌汁; 된장국) 등은 밥과 같이 먹는 것으로 메뉴에는 미소시타테(味噌仕立て)로 쓰고 있다. 스이모노는 계절을 표현하는 중요한 역할을 하는 일품으로, 사시미와 함께 요리사가 담당하는 일본요리의 주요리이다.

스이모노의 주재료를 완다네(椀種, わんだね), 부재료를 완츠마(椀妻, わんつま), 향기를 표현하기 위한 재료를 스이구치(吸い口, すいくち)라 한다. 스이모노 중에서 국물이 맑은 종류를 스마시지루(すまし汁)라 하고, 탁한 종류를 니고리지루(濁り汁)라 한다.

(4) 무코우즈케(向付, むこうづけ, 생선회)

사시미(刺身, 생선회)는 글자 그대로 몸(身)에 박힌다(刺)는 표현이기 때문에 요즘은 사시미(差味)로 쓰거나 오쯔쿠리(お作り)또는 츠쿠리미(作り身) 등으로 쓰는 경우가 많다. 예전에는 관동지방에서는 사시미라 부르고, 관서지방에서는 츠쿠리(作り)라고 불렀다. 이외에도 나마모노(生物, なまもの), 츠쿠리(造り, つくり) 등으로도 불린다.

사시미는 일본요리를 대표하는 가장 전형적인 요리이고 식재료에 조리나 맛을 가하지 않고 날 것 그대로 기교를 다해 썰어 아름답게 접시에 담는 요리를 말한다. 사시미와 같이 나오는 곁들임으로는 츠마(妻)의 중심이 되는 겡(権, 당근·무 등의 채소를 돌려 깎기 하여 채 썰은 것)과 츠마(妻, 생선회에 곁들이는 해초·채소) 그리고 또 와사비, 겨자, 생강 등 향신료인 카라미(辛味, からみ) 등이 있다.

사시미의 기법에는 단순히 생선을 먹기 좋은 크기로 잘라서 담는 것만이 아니라, 유비키(湯引き)하거나 시모후리(霜降) 또는 살짝 굽는 등 여러 기법이 있다. 또 뼈가 연한 작은 생선은 뼈째로 썰어 세꼬시(背越し)로 만들어 먹기도 한다.

(5) 니모노(煮物, にもの, 조림)

조림요리는 다시 물에 신선한 재료들과 조미료를 넣고 함께 조려서 맛을 내는 음식으로, 원래는 식사의 반찬 개념이었으나 최근에는 싱겁고 맛을 연하게 하여 술안주로 많이 이용되고 있다. 일본고유의 조림용 뚜껑인 오토시부타(落し蓋, おとしぶた)를 이용해 재료에 맛이 골고루 배이게 하며, 불 조절은 센 불로 시작하여 중간 불, 그리고 마지막에는 약한 불로 마무리하여 재료들 간의 맛의 균형과 조화를 이루어야 한다.

(6) 야키모노(焼き物, やきもの, 구이)

구이요리는 재료 자체의 순수한 맛을 이끌어 내는 것이 중요하며, 간접구이와 직접구이 등이 있다. 생선을 구운 것이 대표적이지만 그 외에도 여러 가지 기교를 다한 구이요리가 많다. 계절의 생선을 시오야키(塩焼, 소금구이)하거나 또는 미소(味噌, 된장)에 절이거나 양념간장을 발라 굽는 조미구이 등의 방법이 있다. 구이용 화력조절은 센 불에서 멀리 굽는 것이 가장 좋고, 굽기 정도는 표면이 식욕을 자극하도록 아름다워야 한다. 껍질과 살은 6:4의 비율로 굽는 것이 기본이다. 구이용 도구로는 숯, 소형의 풍로, 돌 등이 이용되기도 한다.

(7) 아게모노(揚げ物, あげもの, 튀김)

16세기 포르투갈에서 전래되어 17세기 중엽 큐슈(九州) 서북부에 위치한 나가사키(長崎)에서 일본화가 시작되었다는 설이 유력하다. 재료가 풍부하지 못했던 옛날 팔다 남은 생선에 반죽으로 옷을 입혀 내용물을 감춰 튀겨낸 것을 상품화한 것이 시작이다. 에도시대 도쿄 근해에서 잡힌 어패류를 튀겨내었고, 이후 도쿄를 중심으로 발전하여 재료의 종류도 다양해지고 기술도 진보되었다. 최근까지 츠케아게(つけ揚げ)라는 단어를 사용하였으며 텐푸라(天ぷら)라는 용어는 일반적으로 많이 쓰이지 않았다. 본래 채소로 만든 튀김을 츠케아게(つけ揚げ)로 불렀으나 텐푸라라는 용어가 사용되면서 쇼진아게(精進揚げ)로 구별하여 불린다.

(8) 구찌나오시(口直し, くちなおし, 입가심용 음식)

입가심용 음식으로 이제까지 먹었던 음식의 맛을 지우고 입맛을 산뜻하게 만들기 위해 차려진다. 그 어떤 종류의 음식이라도 입맛을 정돈시킬 수 있다면 무방하다. 음식 대신 오차(お茶, 녹차) 등이 나오는 경우도 있다.

(9)스노모노(酢の物, すのもの, 초회)

주로 술안주로 제공되며, 입에 넣고 먹었을 때 부드러움, 산뜻함, 신선함이 느껴져야 하는 요리이다. 재료의 손질법과 조미료의 배합법, 재료와 조미료의 조화가 가장 중요하다. 메뉴의 식단구성에서 중심이 되는 음식은 아니지만 계절감을 나타내고, 식욕을 촉진하며 주요리를 보조하는 역할로, 메뉴(献立, こんだて)의 코스 중간 또는 후반에 나오는 경우가 많다. 이는 입안을 상쾌하게 해서 다음에 나올 식사를 맛있게 먹기 위한 연출이기도 하지만, 반드시 그렇지는 않고 식사 중간 또는 초반에 나오는 경우도 있다. 또한 술안주용 전채요리 또는 구이요리의 곁들임으로 제공되는 경우도 있다.

(10)쇼쿠지(食事, しょくじ, 식사): 고항(ご飯, ごはん, 밥), 코우노모노(香の物, こうのもの, 채소 절임), 토메완(止め椀, とめわん, 된장국)

일반적으로 식사라고 해도 충분히 술을 마시고 요리를 먹기 때문에 현재의 메뉴구성에서는 상당히 가벼운 식사이다. 우동, 메밀국수(そば切り), 죽 등이 나오는 경우가 많아졌지만, 정식으로 식사를 먹게 되면 이 경우에는 흰밥에 된장국, 츠케모노(漬け物) 등이 나온다. 코우노모노(香の物)는 식단에서 매우 격식이 높은 것으로 보통은 채소절임 종류를 2~3가지를 담아내며 타꾸앙(たくあん), 미소쯔케(味噌漬け), 나라쯔케(奈良漬け) 등이 자주 나온다. 토메완(止め椀)으로는 고항(ご飯, 밥)을 먹기 위한 미소시루(味噌汁, 된장국)가 주로 나온다. 이 경우에는 된장국이기 때문에 안에 넣는 건더기는 양념을 하며, 맑게 끓이지는 않는다. 보통은 두부, 버섯 등을 넣어 끓인다.

(11) 쿠다모노(果物, くだもの, 과일)

보통 디저트에 해당하는 과일을 말하며 일반적으로 계절 과일을 내는 경우가 많지만 때로는 이들을 가공한 셔벗이나 젤리류를 내는 경우도 있다.

(12) 오카시(お菓子, おかし, 과자)·맛차(抹茶, まっちゃ, 말차)

요리의 마지막은 대개 달콤한 과자가 제공된다. 경우에 따라서는 차를 마시는 것으로 식사의 모든 과정이 종료되기도 한다.

10. 일본요리의 식사예절

(1) 형식을 존중하는 예법

일본에서는 오래 전부터 "신인공식(神人共食, 신에게 바쳐진 음식을 인간이 함께 먹는다)"라는 개념으로 식사 방식을 규정해 왔다. 6세기 이후 중국의 사상이나 생활양식 중에서 특히 불교와 유교가 일본의 식생활과 식사예법에 준 영향이 크다. 헤이안시대에는 중국 당(唐)나라 식사 양식을 기본으로 한 일본의 독자적인 음식문화가 정착되어 배선법(配膳法), 식사예법, 요리의식(料理儀式) 등이 정해졌다. 무로마치(室町)시대에는 음식의 세세한 조리기법과 담는 방법, 배선법 등을 정한 기록이 나타나며 이것이 점차 보급되어 일본의 전통적 식사예법의 기초가 되었고, 선종의 규범이었던 식사전후의 "이타다키마스(いただきます, 잘 먹겠습니다.)"와 "고치소사마데시타(ごちそうさまでした, 잘 먹었습니다.)"라고 말하는 예절은 오늘까지도 전승되고 있다.

과거에는 일반 가정의 식사예절은 봉건적 가족제도 예법으로 식기와 식사도구는 각각 개인의 소유로 하코젠(箱膳, 식기수납을 겸한 상)과 젓가락, 밥공기, 국그릇, 반찬 접시가 일인용으로 구성되었다. 집안의 가장인 아버지는 커다란 젓가락과 밥공기를 사용하고 식사 시 앉는 자리 및 순서와 식사의 내용까지도 가장인 아버지를 중심으로 하는 풍습이 있었다. 식사는 아이들의 예절을 가르치는 기회가 되는 곳이지 가족 간의 의사소통이 이루어지는 곳이 아니었다. 과거 일본에서는 식사 중의 대화를 금하였는데, 이 예법은 음식을 신불(神佛)에게 바치고 인간은 이를 받아 묵묵히 식사한다고 하는 의례와 불교의 선종 사상에 뿌리를 둔 것이다.

메이지(明治)시대 초기의 문명개화를 맞이하여 서양요리가 급속히 보급되자, 선진제국과의 외교상 필요성도 있어 서양의 식사예법이 도입되었다. 상류계급의 공식연회에서 프랑스식 요리에 영국식 테이블 세팅과 식사예법이 정식으로 되었다.

다이쇼시대가 되자 중국요리도 서민의 식생활에 널리 퍼져 일상적인 일본요리에까지 영향을 주게 되었다. 다이쇼에서 쇼와시대에 걸쳐 과거의 젠형식(膳形式)으로 식사를 하던 일반 가정에서도 다리가 낮은 원형 밥상으로 바뀌었고, 식탁을 둘러싸고 식사 중에 가족 간에 대화를 나누게 되었다.

제2차 세계대전 후, 신흥 주택단지를 중심으로 다이닝 키친(식사공간을 주방공간과 공유하는 형태의 주거평면구조)이 보급되기 시작하고 의자식 테이블이 주류가 되자 정좌(正坐)의 필요성이 없어지고, 동시에 식탁매너와 규범도 점차 서구의 형식과 혼합되었다.

(2) 오젠(お膳)의 정위치(定位置)

손님에게 음식을 내는 경우 상(お膳)에서 각 음식들이 놓여야할 위치가 정해져 있다. 음식 배치의 전제 원칙은 먹기 쉽도록 하는 것이며, 일반적으로 젓가락(お箸)은 오른손으로, 밥그릇(お碗)은 왼손으로가 기본이다.

상을 차려내는 일반적인 방법은 다음과 같다.

1)기본적인 배선(配膳)

① 밥은 앞 왼쪽
② 국은 앞 오른쪽
③ 코우노모노(채소절임)는 한가운데
④ 후쿠사이(부가 되는 반찬)인 니모노(조림)는 상의 왼편
⑤ 슈사이(주가 되는 반찬)인 사시미(생선회)는 상의 오른편

2) 술이 나오는 자리에서의 배선(配膳)

술이 나오는 상에서는 밥과 국을 같이 내지 않고 나중에 따로 낸다.

① 술잔은 앞줄 왼쪽
② 국은 앞줄 오른쪽
③ 젠사이(전채)는 앞줄 한가운데
④ 니모노(조림)는 2번째 줄 좌측
⑤ 사시미(생선회)는 2번째 줄 중앙
⑥ 야키모노(구이)는 2번째 줄 우측
⑦ 스노모노(초회)는 가장 뒷줄 좌측
⑧ 아게모노(튀김)는 가장 뒷줄 중앙
⑨ 무시모노(찜)는 가장 뒷줄 우측

3) 젓가락(お箸)

올바르게 젓가락을 쥐고 바르게 사용하는 것이 젓가락의 기본적인 예절이다. 젓가락은 집어 들기 쉽게 손이 닿는 굵은 쪽이 상의 오른쪽으로 가도록 놓는다. 우선 오른손으로 젓가락의 가운데를 들어 올리고 아래쪽에서부터 왼손으로 받쳐들 듯이 든다.

젓가락을 사용해서 음식을 집을 때는 아래쪽 젓가락은 움직이지 않고 손가락에 고정시키고, 위쪽 젓가락만을 움직이는 것이 올바른 젓가락 사용방법이다.

일본의 젓가락은 불교와 함께 중국으로부터 전래되어 일본요리의 형식을 만들어 가는 과정에서 사용하는 방법에 대한 예법이 확립되었다. 모든 요리에 젓가락을 사용하는 예법은 무로마치(室町)시대에 완성되어 오늘날까지 이어지고 있다. 음식은 젓가락을 사용하여 나눌 수 있도록 부드럽게 조리하거나, 혹은 한 입에 먹을 수 있는 크기로 잘라 젓가락으로 집어먹기 쉽도록 요리한다. 젓가락은 식기에 흠집을 낼 염려가 적으므로 아름다운 칠기 그릇을 사용할 수 있다. 그릇은 손에 들고 요리는 젓가락으로 먹기 때문에 그릇은 손에 쥐기 쉬운 크기와 무게, 재질을 선호한다. 현재는 테이블에서 먹는 식사가 대부분이므로 식기와 입 사이의 거리가 좁혀졌으므로 구태여 그릇을 손에 들고 먹어야 할 필요는 없어졌지만, 젓가락을 오른손으로 잡고 식기를 왼손으로 드는 자세가 자연스럽고 균형감 있는 일본의 식사모습이라고 할 수 있다.

일본에서는 젓가락은 개인별로 소유하고, 옻칠한 나무재질의 젓가락을 많이 사용한다. 음식점 등에서는 청결을 중요시하여 한번 사용하고 버리는 젓가락을 사용하는 일도 많다. 용도별로는 사이바시(菜箸, 요리·조리용 젓가락), 모리쯔케바시(盛り付け箸, 담기용 젓가락), 토리바시(

取り箸, 덜어먹기용 젓가락) 등 많은 종류가 있다. 일본의 전통적 예법으로는 젓가락은 가로놓기를 한다. 이것은 신사의례(神事儀禮)에 사용하는 젓가락이 대부분 가로놓기인 것에서 유래되었기 때문이다.

젓가락을 사용할 때는 식기에서 음식물 등을 뒤섞거나, 국건더기나 식재료를 더듬거리며 찾거나, 음식을 푹 찔러 먹지 말아야 한다. 또한 젓가락으로 집어 올린 음식을 다른 젓가락으로 잡거나, 젓가락에서 젓가락으로 음식의 주고받는 것은 금기사항이다. 이는 화장한 시체에서 타고 남은 뼈를 골라 집어 올리는 것을 연상하므로 금기시 한다. 또한 식사 도중에 젓가락을 식기 위에 걸쳐 두는 것은 '이제는 다 먹었다.' 는 의미이다.

1. 위에서 젓가락을 쥔다.

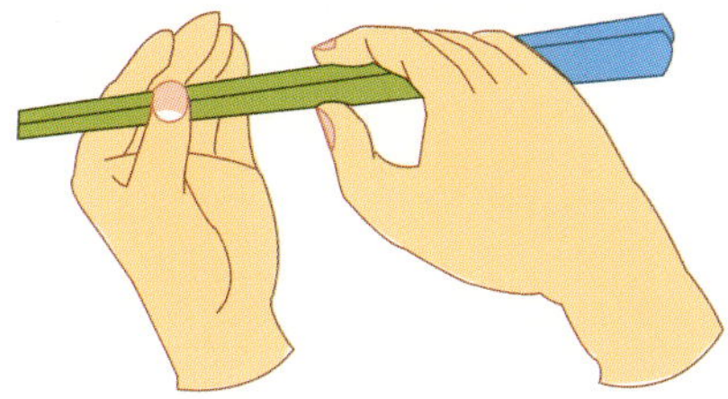

2. 반대편 손으로 젓가락 아래를 받친다.

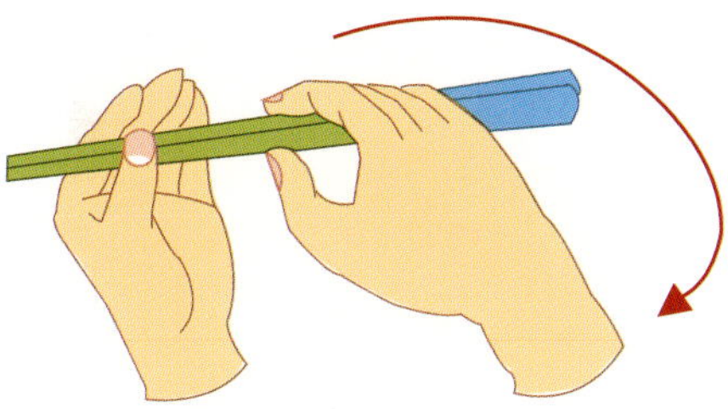

3. 젓가락을 따라 오른손을 움직인다.

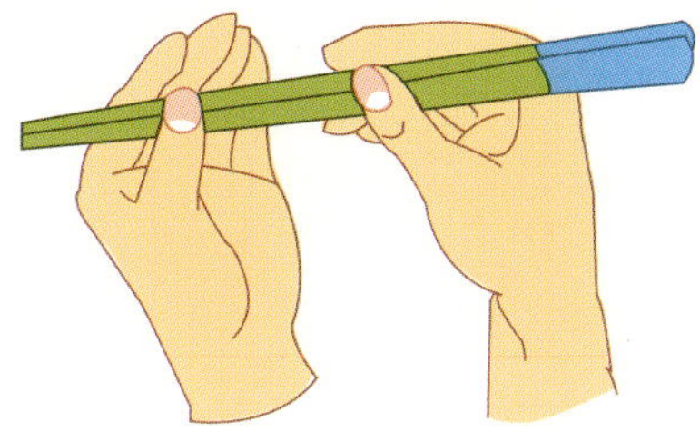

4. 아래에서 젓가락을 쥔다.

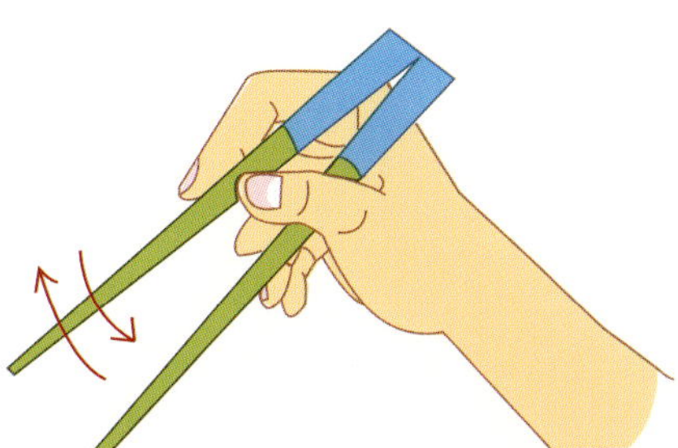

5. 젓가락의 위쪽만 움직여 사용한다.

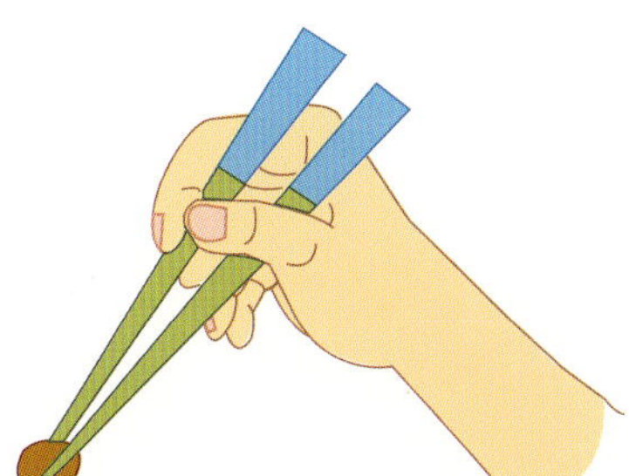

6. 음식물을 집는다.

11. 조리도와 숫돌

칼은 재질에 따라 칼 날 전체가 강철로 만들어진 최고 등급의 혼야키(本焼き)와 칼날은 강철이고 칼등이 무쇠로 되어있는 지쯔키(地付き) 두 가지가 있다. 지쯔키는 카스미야키(霞焼き)라고도 한다. 칼을 가는 도구인 토이시(砥石, 숫돌)는 숫돌의 입자에 따라 시아게토(仕上げ砥, 마무리 숫돌), 나카토(中砥, 중간 숫돌), 아라토(粗砥, 거친 숫돌)로 나눠며, 칼날을 손질할 때는 아라토(粗砥, 거친 숫돌)를 거쳐 나카토(中砥, 중간 숫돌) 순서로 사용하고 마지막에 정교하고 날카롭게 날을 세우기 위해 시아게토(仕上げ砥, 마무리 숫돌)로 손질한다.

(1) 회칼(刺身包丁, さしみぼうちょう, 사시미보쵸)

생선회를 잡아당기면서 자를 때 사용한다. 관동지방에서는 타코히키보쵸(タコ引き包丁, 刺身包丁)를, 관서지방에서는 야나기보쵸(柳包丁)를 많이 사용했고 최근에는 거의 야나기보쵸를 사용하는 추세다. 사시미용 칼은 다른 칼들에 비해 가늘고 긴 것이 특징으로 칼날의 길이는 27~30cm 정도가 사용하기 편하고 칼을 갈 때는 시아게토로 마무리한다.

(2) 생선용칼(出刃包丁, でばぼうちょう, 데바보쵸)

날이 두껍고 폭이 넓은 칼로 생선의 포를 뜨거나 굵은 뼈를 자를 때 사용한다. 칼을 갈 때는 아라토에 간다.

(3) 채소칼(薄刃包丁, うすばぼうちょう, 우스바보쵸)

관동식과 관서식이 있으며 주로 채소를 썰 때 사용한다. 칼날이 얇기 때문에 뼈가 있는 것, 단단한 것에는 사용하지 않는다. 이 칼을 사용할 때는 자기 몸 바깥쪽으로 밀면서 자른다. 칼을 갈 때는 시아게토에 간다.

(4) 장어칼(うなぎ包丁, うなぎぼうちょう, 우나기보쵸)

장어를 손질할 때 사용한다.

12. 기본 썰기와 장식 썰기

(1) 기본썰기

- **와기리**(輪切り, 둥근 썰기, 원통형 썰기): 무, 당근 등 채소의 둥근 모양을 이용해서 용도에 맞는 두께로 썬다.
- **한게쯔기리**(半月切り, 반달썰기): 무, 당근 등을 길이 방향으로 이등분하여 적당한 두께로 썬다.
- **이쵸기리**(銀杏切り, 은행잎 썰기): 한게쯔기리한 것을 다시 2등분하여 은행잎 모양으로 썰거나 바깥쪽을 다듬는다.
- **지가미기리**(地紙切り, 부채모양 썰기): 이쵸기리한 무, 당근의 가운데를 둥글게 자른 형태로 써는 방법이다.
- **이로가미기리**(色紙切り, 색종이 썰기): 정사각 재료를 와기리와 같은 방법으로 끝에서부터 얇게 자른다.
- **탄자쿠기리**(短冊切り, 책장 썰기): 재료를 길이 4~5cm, 두께 1~2cm 정도 직사각형이 되게 한 다음, 끝에서부터 얇게 자른다.
- **효시키기리**(拍子木切り, 사각기둥 썰기): 재료를 길이 4~5cm, 굵기 5~7mm 정도의 사각기둥 모양으로 써는 방법이다.
- **센롯폰기리**(千六本切り, 굵은 채썰기): 성냥개비 정도 크기의 약간 굵은 채로 써는 방법이다.
- **센기리**(千切り, 중간 채썰기): 5~6cm 길이의 재료를 극히 얇게 썬 후, 겹쳐서 가늘게 써는 방법이다.
- **하리기리**(針切り, 고운 채썰기): 센기리보다 한층 더 가늘게 바늘 굵기 정도로 써는 방법
- **사이노메기리**(賽の目切り, 깍둑 썰기): 효시키기리로 자른 다음 세로로 놓고 1×1×1cm크기의 주사위 모양으로 써는 방법이다
- **아라레기리**(霰切りり, 작은 주사위 썰기): 사방 5mm 두께의 작은 주사위 형태로 써는 방법이다.
- **미진기리**(微塵切り, 다지기): 가느다랗게 채 친 재료를 횡단면에서 잘게 자르는 방법이다.
- **란기리**(乱切り, 마구 써는 방법): 우엉, 당근 등 가늘고 긴 재료를 돌려가면서 어슷하게 자르는 방법이다.

- **나나메기리**(斜め切り, 어슷 썰기): 당근, 우엉, 대파 등을 비스듬히 써는 방법이다.
- **코구치기리**(小口切り, 잘게 썰기): 실파, 셀러리, 우엉 등의 가는 것을 끝에서부터 잘게 써는 방법이다.
- **사사가끼**(笹がき, 연필 깎기 썰기, 댓잎 썰기): 재료를 굴려가면서 칼끝으로 연필을 깎듯이 얇게 써는 방법이다.
- **우스기리**(薄切り, 얇게 썰기): 1mm 두께로 재료를 얇게 써는 방법이다.
- **소기기리**(削切り, 저며 썰기): 두꺼운 재료를 포를 뜨듯 저며 써는 방법이다.
- **멘토리**(面取り, 각 돌려 깎기): 무, 감자, 호박 등 삶고 조리하면 부드러워져 모양이 흐트러지는 것을 방지하기 위해 재료의 각진 부분을 다듬는 방법이다.
- **쿠시기리**(くし切り, 빗 모양 썰기): 레몬 등의 둥근 재료를 6~8등분 하는 방법이다.

(2) 장식썰기

- **요리키리카타**(撚りきり方, 용수철 모양 자르기): 두릅, 무, 당근 등을 돌려깎기하여 사선방향으로 5mm 두께로 잘라 젓가락 등을 이용하여 용수철 모양으로 꼬아서 얼음물에 담궈 모양을 잡아주는 방법이다.
- **카츠라무키**(桂剥き, 돌려 깎기): 원통형으로 썬 재료를 얇게 돌려가면서 깎아 써는 방법이다. 이것을 섬유질 방향에 따라 가늘게 채 썬 것을 다테겐(縦けん)이라 하고 반드시 냉수에 담아 놓고 씻는다. 반면 섬유질의 직각 방향으로 자르면 요코겐(横けん)이라고 하며, 다테겐처럼 반드시 냉수에 담글 필요는 없다. 두께는 1~1.5mm 정도로 균일하고 얇게 돌려 깎아 신문지의 글자가 확실히 보일 수 있어야 한다.
- **깃카기리**(菊花切り, 국화꽃 썰기): 무를 3cm 정도 둥글게 썬 후에 전체 두께의 2/3까지만 가로, 세로에 얇은 칼집을 넣은 다음 소금물에 담근 후에 단촛물에 담가 절인 후 국화모양으로 만드는 방법이다.
- **네지리우메키리**(ねじり梅切り, 입체 매화꽃 깎기): 당근이나 무를 오각형 기둥모양을 만들어 꽃모양으로 깎아 낸 것은 우메키리(梅切り)라 부르고, 꽃잎이 만나는 부분에 입체감을 준 것을 네지리우메키리(ねじり梅切り)라고 부른다.
- **오우까기리**(桜花切り, 벚꽃 깎기): 당근을 벚꽃 모양으로 깎아낸 것이다.
- **하나렌콘**(花連根, 연근꽃 깎기): 연근의 구멍을 살려서 꽃 모양으로 만드는 방법이다.

- **스에히로기리**(末広切り, 부채 살 썰기): 죽순, 생강 등의 끝부분에 세로로 절반이상 칼집을 넣어 부채 살처럼 넓게 펼치게 만드는 방법이다.
- **키리치가이**(切り違い, 원통 뿔 모양 썰기): 원통형 재료의 끝부분이 서로 엇갈리게 자르는 방법이다.
- **자바라큐리**(蛇腹キュウリ, 뱀 뱃살 모양 오이 깎기): 오이가 잘리지 않을 정도로 양면에 사선으로 잔 칼집을 넣어 뱀 뱃살 모양처럼 만드는 방법이다.
- **야바네렌콘**(矢羽根蓮根, 화살촉 연근 깎기): 연근의 구멍을 이용하여 화살촉 모양으로 만드는 방법이다.
- **자카고렌콘**(蛇篭蓮根, 연근 돌려 깎기): 연근을 돌려 깎기 하여 연근의 구멍이 자연스러운 모양을 내는 방법이다.
- **아미기리**(網切り, 그물 썰기): 무나 당근에 동일한 간격으로 엇갈려 칼집을 넣은 다음 돌려 깎기하여 그물모양으로 만드는 방법이다.
- **타즈나기리**(たづな切り, 타래모양 썰기): 재료의 중앙에 칼집을 넣어 새끼처럼 한쪽 끝을 구부려 넣어 꼬이게 한 모양으로 만드는 방법이다.
- **카라쿠사기리**(唐草切り, 당초모양 썰기): 재료의 줄기에 칼집을 넣어 만드는 방법이다.
- **마츠바기리**(松葉切り, 솔잎 썰기): 곧은 솔잎 썰기와 엇갈려 솔잎 썰기(折れ松葉切り) 방법이 있다.
- **무스비가마보코**(結び蒲鉾, 매듭 어묵): 어묵 중앙에 칼집을 넣고 양끝의 갈라진 부분을 중앙의 칼집사이로 통과시켜 모양을 내는 방법이다.
- **시이타케가자리기리**(しいたけ飾り切り, 표고버섯 장식 썰기): 표고버섯 표면에 대각선으로 칼집을 넣고 도려내어 꽃모양을 내는 방법이다.

13. 맛 표현과 조리기술 관련 동사

(1) 맛 표현

甘い, あまい (아마이)	달다	美味しい, おいしい (오이시이)	맛있다
苦い, にがい (니가이)	쓰다	まずい (마즈이)	맛없다
辛い, からい (카라이)	맵다	さっぱりする (삿파리스루)	시원하다, 깔끔하다
塩っぱい, しょっぱい (숏파이)	짜다	芳しい, かんばしい (칸바시이)	향기롭다
味が薄い, あじがうすい (아지가우스이)	싱겁다	濃い, こい (코이)	진하다
酸っぱい, すっぱい (숫파이)	시다	薄い, うすい (우스이)	연하다
甘酸っぱい, あまずっぱい (아마즛파이)	달콤새콤하다	油こい, あぶらこい (아부라코이)	기름지다
渋い, しぶい (시부이)	떫다	香ばしい,こうばしい (코우바시이)	구수하다

(2) 조리기술 관련 동사

和える, あえる (아에루)	무치다	出しを取る (다시오토루)	다시국물을 내다
揚げる, あげる (아게루)	튀기다	蒸す, むす (무스)	찌다
切る, きる (키루)	자르다	盛り付ける, もりつける (모리츠케루)	보기 좋게 담다
洗う, あらう (아라우)	씻다	煮る, にる (니루)	푹 삶다
味を付ける,あじをつける (아지오츠케루)	맛을 내다	混ぜる, まぜる (마제루)	섞다
炒る, いる (이루)	볶다(지지다)	かける (카케루)	뿌리다
焼く, やく (야쿠)	굽다	茹でる, ゆでる (유데루)	삶다(데치다)
ご飯を炊く, ごはんをたく (고항오타쿠)	밥을 짓다	沸かす, わかす (와카스)	끓이다

14. 조리도구

- **아와다테키**(泡だて器, あわだてき): 거품기
- **이치몬지**(一文字, いちもんじ): 뒤집개
- **우스이다**(薄板, うすいた): 나무를 종이처럼 얇게 깎아 놓은 것. 생선 횟감의 물기를 제거하는데 사용하거나 조림할 때 냄비 밑바닥에 깔아 재료가 눌러붙지 않도록 한다.
- **우치누키**(打ち抜き, うちぬき): 원통형으로 되어 있으며 오이나 우엉의 가운데 심부분을 파낼 때 사용한다.
- **우라고시**(裏ごし, うらごし): 요리용 가는 체로, 종류에는 직물재질의 布越(누노고시), 금속재질의 金越(카네고시) 등이 있다.
- **우로코히키**(鱗引き, うろこひき): 생선 비늘을 제거하는 도구
- **오시가타**(押し型, おしがた): 밥을 넣고 눌러 여러 가지 모양을 만드는 나무틀
- **오시바코**(押し箱, おしばこ): 재료를 넣고 하나의 형태로 틀을 잡아주는 상자모양의 도구
- **오토시부타**(落し蓋, おとしぶた): 조림용 뚜껑. 냄비보다 조금 작은 뚜껑으로 졸이는 재료 위에 직접 얹어서 뚜껑의 표면이 식재료에 닿게 하여 사용한다. 일반적으로 나무로 만든 것을 사용하지만 끓이거나 삶는 재료에 따라서 카미후타(紙蓋, 종이 뚜껑) 또는 누노부타(布蓋, 헝겊 뚜껑)을 사용하는 경우도 있다. 조림할 때 재료를 뒤적이거나 국물을 끼얹어 주지 않더라도 양념이 고루 배이게 하는 역할을 하며, 부채살 모양으로 크기 조절이 가능한 것도 있다. 스테인리스 스틸, 종이, 헝겊 등의 재질도 있다.
- **오니스다레**(鬼簾, おにすだれ): 굵은 삼각형의 나무로 엮어진 나무발
- **오히츠**(お櫃, おひつ): 나무로 만든 밥통. 오하치(お鉢)라고도 한다.
- **오로시가네**(下し金, おろしがね): 구리로 된 강판으로 무, 생강, 생 와사비 같은 뿌리를 가는데 사용하며 오로시키(おろし器)라고도 한다.
- **카이시키**(かいしき): 요리 밑에 까는 나뭇잎이나 종이
- **카이와리**(貝割り, かいわり): 피조개나 대합 등 조개류를 깔 때 사용하는 기구
- **카나바시**(金箸, かなばし): 손잡이는 나무 또는 플라스틱으로 되어 있고 끝은 쇠로 되어 있는 젓가락으로 생선회 담을 때나 튀김할 때 사용한다.
- **카마**(釜, かま): 철제 솥, 가마
- **칸키리**(缶切り, かんきり): 통조림을 따는 기구

- **쿠시**(串, くし): 주로 구이에 사용하는 꼬챙이로 대나무 또는 금속재질(카나구시, 金串, 쇠꼬챙이)을 많이 사용한다.
- **쿠리누키**(栗抜き, くりぬき): 재료를 둥근 공 모양으로 파낼 때 사용하는 기구
- **사이바시**(菜箸, さいばし): 조리용 젓가락, 요리를 만들거나 집을 때 사용하는 긴 젓가락
- **사카나카케가네**(魚掛金, さかなかけがね): 생선의 피를 빼거나 기타 생선을 들어올리는 작업을 할 때 사용하는 쇠갈고리
- **사사라**(簓, ささら): 생선의 내장을 제거한 뱃속을 씻거나 와사비 같은 단단한 재료를 씻는데 사용하는 솔
- **사지**(匙, さじ): 수저
- **사라**(皿, さら): 접시
- **자루**(笊, ざる): 소쿠리
- **샤쿠시**(杓子, しゃくし): 조리용 국자로 아나쟈쿠시(穴杓子, 구멍 뚫린 국자), 아미쟈쿠시(網杓子, 그물망 국자), 기쟈쿠시(木杓子, 나무국자) 등이 있다.
- **쥬바코**(重箱, じゅうばこ): 음식을 넣는 찬합
- **죠우고**(漏斗, じょうご): 깔때기, 로우토(漏斗)라고도 한다.
- **스시오케**(鮨桶鮨桶, すしおけ): 초밥을 담아내는 전용용기로 높이가 낮고 넓은 칠기 그릇
- **스다레**(簾, すだれ): 김밥을 말 때 쓰는 발
- **스리코기**(擂り粉木, すりこぎ): 절구공이
- **스리바치**(擂鉢, すりばち): 막자사발 모양의 질그릇으로 식재료를 으깨거나 갈고 혼합할 때 사용한다. 아타리바치(当たり鉢)
- **타케노카와**(竹の皮, たけのかわ): 말린 죽순껍질로 음식을 싸는데 사용한다.
- **타루**(樽, たる): 술이나 간장 등을 보관하는 금속 테를 두른 나무통. 츠케모노다루(漬物だる, 채소절임용 나무통)
- **치리렌게**(散り蓮華, ちりれんげ): 연꽃잎 모양으로 생긴 작은 숟가락, 국물이 많은 음식을 먹을 때 사용한다.
- **츠보**(坪, つぼ): 본선요리(本膳料理)에서 사용하는 조림(煮物, 니모노)을 담는 그릇
- **텐시**(天紙, てんし): 튀김요리를 담을 때 접시 밑에 까는 종이로 주로 일본 전통종이를 사용한다.

- **톳쿠리**(徳利, とっくり): 뜨거운 청주를 담아 마시는 작은 술병
- **나가시키**(流し器, ながしき): 사각으로 된 나무 또는 금속재질의 틀로 찜이나 굳힘요리를 할 때 사용한다.
- **나베**(鍋, なべ): 냄비. 토나베(土鍋, 질그릇 냄비), 얏토코나베(鋏鍋, 집게로 잡는 냄비), 테츠나베(鉄鍋, 철 냄비), 료우테나베(両手鍋, 양손잡이 냄비), 이시나베(石鍋, 돌 냄비) 등이 있으며, 특수용도로 마키야키나베(巻き焼鍋, 달걀말이용 사각팬), 아게나베(揚げ鍋, 튀김 냄비), 돈부리나베(丼鍋, 덮밥 냄비) 등이 있다.
- **니쿠타타키**(肉叩き, にくたたき): 고기의 육질을 연하게 하기 위해 두들기는 망치
- **누키이다**(抜き板, ぬきいた): 다리가 붙은 폭이 넓고 크기가 작은 작업용 도마
- **하시**(箸, はし): 젓가락. 와리바시(割り箸, 일회용 나무젓가락), 카나바시(かな箸, 쇠젓가락), 타케바시(竹橋, 대나무 젓가락) 등이 있다.
- **하시오키**(箸置, はしおき): 젓가락 받침
- **하치**(鉢, はち): 주발, 사발
- **밧트**(バット): 사각 스테인리스 용기
- **한기리**(半切り, 飯切り, はんぎり): 초밥 통
- **한다이**(板台, はんだい): 초밥 비빔용으로 얕고 커다란 원형의 넓은 통
- **후킨**(布巾, ふきん): 행주. 식탁 등을 닦거나 훔쳐 내는 행주는 다이후킨(台布巾)이라 한다.
- **후루이**(篩い, ふるい): 체. 코나후루이(粉篩, 가루체), 스이노우(水嚢, 어레미), 우라고시(裏漉し) 등이 있다.
- **헤라**(箆, へら): 주걱. 고무헤라(ゴム箆, 조리용 고무주걱), 카나베라(金箆, 금속주걱) 등이 있다.
- **호네누키**(骨抜き, ほねぬき): 고등어나 방어 등 살이 연한 생선의 가시를 뽑는데 사용하는 족집게
- **마키스**(巻きす, まきす): 김발. 마키즈시(巻き寿司)를 마는 도구
- **마나이타**(まな板, まないた): 도마
- **마나바시**(真魚箸, まなばし): 생선을 손질하거나 또는 생선회를 담을 때 사용하는 젓가락
- **무시키**(蒸し器, むしき): 증기로 익히는 요리에 사용하는 찜통
- **메우치**(目打ち, めうち): 장어나 바닷장어를 손질할 때 머리 부분을 찔러 도마에 고정시키는 송곳

- **멘보우**(麺棒, めんぼう): 밀대, 밀방망이를 토치멘보(栃麺棒)라고도 한다.
- **모리츠케바시**(盛り付け箸, もりつけばし): 음식을 접시에 담을 때 사용하는 쇠 젓가락
- **야칸**(薬缶, やかん): 주전자
- **야키아메**(焼網, やきあみ): 석쇠
- **야스리보우**(鑢棒, やすりぼう): 칼날을 갈수 있도록 만든 금속도구. 토기보우(研ぎ棒)
- **요지**(楊枝, ようじ): 이쑤시개
- **완**(椀·碗·埦, わん): 밥·국 등을 담는 깊이가 있는 식기. 나무로 만든 것은 椀, 도자기는 碗·埦이라 한다. 공기에 담은 음식물의 수를 세는 말이기도 하다.

15. 초밥 용어(鮨言葉, すしことば)

- **아가리**(アガリ) : 차(엽차). 원래는 맨 마지막에 내는 차이나, 초밥집에서는 질 낮은 엽차인 반차(番茶)를 일컫는 말이다.
- **이타**(いた) : 어묵
- **이치마이즈케**(一枚づけ) : 은어 작은 전어처럼 생선 한 마리를 통째로 올린 초밥을 일컫는다. 마루즈케(丸づけ)라고도 한다.
- **오아이소**(お愛想) : 손님이 초밥집에서 식사를 마치고 돌아갈 때 지불하는 음식값. 즉 계산서를 달라는 의미 또는 계산한다는 의미이다.
- **오오츠**(大津, おおつ) : 박고지. 일반적으로 간뵤(かんぴょう(干瓢))라고 한다.
- **오모테토**(お手許, オテモト) : 젓가락. 음식점이나 연회석 등에서 손님 바로 앞에 놓여 있는 젓가락이라고 하는 말에서 유래한 말이다.
- **오도리**(踊り, オドリ) : 춤추는 새우라는 뜻이다. 살아 있는 보리새우를 죽이지 않은 채로 껍데기와 내장만 제거하고 초밥의 재료로 올려 손님이 먹으려 할 때까지도 춤추는 듯이 움직이기 때문에 이러한 이름이 붙었다.
- **카타코이, 카타오모이**(片恋, 片思い, かたおこい) : 전복과 같이 한쪽 면에만 껍질이 있는 패류를 말한다. 'かたおもい[片思い]'는 짝사랑이라는 단어에서 유래하였다고 한다.

- **카타미즈케**(片身づけ, かたみづけ) : 생선의 반쪽살로 만든 초밥. 초밥 재료를 반만 사용하여 쥔 초밥을 일컫는다.
- **캇파**(河童, カツパ) : 오이를 넣은 김초밥 또는 오이라는 뜻. 오이의 색과 모습이 일본 전래의 수생 동물인 河童의 머리 부분과 닮아서라는 설과, 河童가 가장 좋아하는 것이 오이였다는 설이 있다.
- **가리**(ガリ) : 단촛물인 아마즈(甘酢)에 절인 초생강.
- **가레-지**(ガレージ) : 갯가재의 생긴 모습이 차고의 문처럼 길쭉하게 생겨서 영어의 차고(車庫, garage)라고 하는 단어에서 온 말이다.
- **키즈**(キズ) : 박고지. 오사카의 기즈(木津) 박고지가 유명한 데서 유래되어 초밥에 들어가는 박고지를 뜻하게 되었다.
- **교쿠**(玉, ギョク) : 달걀말이 구이. 한문으로 달걀을 玉子(たまご)라고 하며 이중에서 玉 글자의 일본어 음독을 ぎょく라고 한 것에서 유래했다.
- **쿠사**(くさ) : 김
- **쿠라카케**(鞍掛け, くらかけ) : 조개를 저며 썰어 벌린 후 초밥용 밥에 말의 안장처럼 얹어 만든 초밥
- **게소**(下足, ゲソ) : 오징어 다리. 모임에 모인 사람들의 아무렇게나 벗어 놓은 신발을 표현하는 말인 下足에서 유래했다.
- **사비**(サビ) : 고추냉이. 와사비(ワサビ)의 와(ワ)를 생략했다.
- **샤리**(舍利, シャリ) : 쌀밥, 스시에서 밥을 뜻하며 불교의 부처나 승려의 사리(舍利)에서 유래된 말이다.
- **진카사**(陣傘, じんかさ) : 표고버섯
- **스케로쿠**(すけろく) : 김초밥 또는 유부초밥을 말한다. 助六라고도 한다.
- **스시즈**(鮨酢, すしず) : 초밥용 배합초
- **스시메시**(鮨飯, すしめし) : 스시용으로 지은 밥에 스시즈를 혼합해 맛을 들인 초밥용 밥
- **스시야**(鮨屋, すしや) : 초밥집
- **타찌**(立ち) : 스시 카운터. 과거에 앉아서 초밥을 쥐다가 점차 조리사가 서서 초밥을 쥐게 되면서 초밥 쥐는 작업을 "立ち(서서하는 일)"이라고 불렀다. 한편 카운터 앞에 앉은 손님은 立ちの客라고 일컫게 되었다.
- **타네**(種, タネ) : 각종 초밥용 주재료. 스시다네(すしダネ), 죠다네(上ダネ)라고도 한다.

- **타마**(玉, タマ) : '구슬'이라는 뜻인데 초밥에서는 피조개를 가리킨다. 피조개 살이 구슬처럼 둥글다 하여 붙여진 말이다.
- **탄고**(たんご) : 가리비 帆立貝(ほたてがい)
- **츠케**(漬け, ツケ) : 다랑어의 붉은 살. 과거 식품을 저장하기 위한 방법의 하나로 초밥재료를 간장에 절였던 것에 유래한다. 주로 다랑어의 붉은 살을 간장에 절여 つけ라고 하였다.
- **츠케바**(つけ場) : 초밥을 조리하는 장소. 초밥은 '만든다.'고 하지 않고 '절인다.'라고 하는데 이는 과거에 초밥재료는 대부분 간장과 식초에 절여서 만들었기 때문이다. 따라서 초밥을 조리하는 장소를 '절이는 곳(つけ場)' 라고 하였다. 초밥의 주재료인 어패류를 소금에 절여서 먹었기 때문에 '절이는 곳'이라는 이름이 붙었다는 설도 있다.
- **츠메**(詰め) : 초밥 용어로 간장, 미림 등을 졸여서 만든 조미료
- **텟카마키**(鐵火巻き) : 다랑어 초밥. 다랑어의 붉은 살을 넣고 가늘게 만 것을 鐵火巻き라고 하며, 줄여서 뎃카(てっか)라고도 한다. 옛날에 도박을 하면서도 간편하게 먹기 좋도록 만든 것이라고도 한다.
- **텟뽀우**(鉄砲, テッポウ) : 박고지를 넣고 가늘게 만 김밥을 의미하며 그 형태가 총(てっぽう)의 포심(砲芯)과 닮은 데서 유래했다.
- **테즈**(手酢, てず) : 초밥을 만들 때 손을 적시는 식초물
- **토로**(トロ) : 참치의 지방이 많은 뱃살. 입안에서 참치의 뱃살지방이 사르르 녹는 맛이 일품이라 하여 상당히 고가의 식재료이다. 보통 대뱃살(大トロ), 중뱃살(中トロ), 붉은 살(赤身, あかみ)로 구분한다.
- **나마**(生, ナマ) : 익히지 않고 날것으로 사용하는 초밥 재료의 총칭
- **나미다**(涙, ナミダ) : 涙는 눈물이라는 뜻인데 고추냉이가 매워서 눈물이 왈칵 쏟아진다는 의미에서 유래한다.
- **나미노하나**(浪の花) : 꽃소금. 소금을 칭하는 일반적인 단어
- **니키리**(煮キリ) : 끓여서 조린 양념간장. 간장에 청주, 미림 등을 넣고 끓여 조린 것으로 날 간장 특유의 쿰쿰한 냄새를 날려 없앤 조림간장이다. 초밥을 쥔 후에 스시다네에 붓으로 발라서 제공하기도 한다.
- **니츠메**(煮ツメ) : 조린 맛국물. 詰め(ツメ) 또는 걸쭉하게 조미한 국물인 아마이다래(甘いタレ)가 있다.

- **니모노**(煮物) : 끓여서 익혀 사용하는 초밥 재료라는 뜻
- **밧테라**(バッテラ) : 청어, 전어의 중치, 고등어 초밥. 포르투갈어 bateira로 작은 배를 의미한다.
- **히카리모노**(光り物) : 빛나는 것이라는 뜻. 초밥 재료 중에서 등푸른 생선인 전어, 전갱이, 정어리, 학꽁치, 보리멸, 작은 돔, 고등어, 삼치 등을 말한다.
- **히모**(ひも) : 피조개의 가장자리 부분
- **무라사키**(紫, ムラサキ) : 원래는 보랏빛(紫)이라는 뜻이며, 일본 간장의 고유한 색에서 유래되어 부르는 말이다.
- **야마**(山, ヤマ) : 초밥을 놓을 때 바닥에 깔아놓는 조릿대 잎으로, 조릿대 잎을 산에서 꺾어 가져온다 하여 유래된 말이다. 준비한 재료가 다 팔려 없다는 뜻도 있다.

제2장

실기 편

문어초회
해삼초회
갑오징어명란무침
된장국
도미머리 맑은국
대합 맑은국
도미조림
달걀찜
도미술찜
달걀말이
삼치소금구이
소고기간장구이
전복버터구이
우동볶음(야끼우동)
메밀국수(자루소바)
소고기덮밥
김초밥
생선초밥
참치김초밥

20분

문어 초회

章魚の酢の物

たこのすのもの

요구사항

※ 주어진 재료를 사용하여 다음과 같이 문어초회를 만드시오.

가. 가다랑어국물을 만들어 양념초간장(도사스)을 만드시오.
나. 삶은 문어를 4~5cm 길이로 물결모양썰기(하조기리)하시오.
다. 미역은 손질하여 4~5cm 크기로 사용하시오.
라. 오이는 둥글게 썰거나 줄무늬(자바라)썰기 하여 사용하시오.
마. 문어초회 접시에 오이와 문어를 담고 양념초간장(도사스)을 끼얹어 레몬으로 장식하시오.

수험자 참고사항

1) 오이를 용도에 맞게 손질하여 소금에 절여 사용한다.
2) 양념초간장(도사스)와 레몬을 준비하여야 된다.
3) 접시에 재료를 담고 양념초간장(도사스)을 끼얹어 완성시켜 낸다.

지급재료목록

문어다리(생문어, 80g 정도)........1개
건미역........5g
레몬........1/4개
오이........1/2개
*가늘고 곧은 것(20cm 정도)
소금(정제염)........10g
식초........30mL
건다시마(5×10cm)........1장
진간장........20mL
흰설탕........10g
가다랑어포(가쓰오부시)........5g

만드는 방법

❶ 냄비에 젖은 면포로 닦은 다시마를 찬물 1/2컵을 넣고 은근히 끓이다가 끓어오르면 다시마는 건져내고 불을 끈 다음 가쓰오부시를 넣고 10분 후 면포에 걸러 준비한다.

❷ 미역은 찬물에 불리고 끓는 물에 살짝 데치고 문어다리는 삶은 다음 식힌다.

❸ 오이는 사선으로 2/3 정도 촘촘히 칼집을 넣어준 다음 반 바퀴 돌려 같은 방법으로 칼집을 넣고 소금에 절인다(자바라큐리 じゃばらきゅうり).

❹ 가쓰오다시 3큰술, 식초 2큰술, 간장 1큰술, 설탕 1/2큰술을 살짝 끓이고 식혀서 양념초간장(도사스)을 만든다.

❺ 절여둔 오이는 4~5cm 정도로 자르고, 미역은 넓은 부분을 바닥에 깔고 빡빡하게 말아서 4~5cm 정도로 자른다.

❻ 문어는 물결무늬 모양의 4~5cm 길이로 얇게 썰어낸다.

❼ 그릇에 자바라큐리, 미역, 문어다리, 레몬조각을 담고 양념초간장(도사스)을 뿌려낸다.

20분

해삼초회

海鼠の酢の物

なまこのすのもの

실
기
편

요구사항

※ 주어진 재료를 사용하여 다음과 같이 해삼초회를 만드시오.

가. 오이를 둥글게 썰거나 줄무늬(자바라)썰기 하여 사용하시오.
나. 미역을 손질하여 4~5cm로 써시오.
다. 해삼은 내장과 모래가 없도록 손질하고 힘줄(스지)을 제거하시오.
라. 빨간 무즙(아까오로시)과 실파를 준비하시오.
마. 초간장(폰즈)을 끼얹어 내시오.

지급재료목록

해삼(fresh) 100g
오이 1/2개
*가늘고 곧은 것(20cm 정도)
건미역 5g
실파(1뿌리) 20g
무 20g
레몬 1/4개
소금(정제염) 5g
건다시마(5×10cm) 1장
가다랑어포(가쓰오부시) 10g
식초 15mL
진간장 15mL
고춧가루(고운 것) 5g

만드는 방법

❶ 냄비에 젖은 면포로 닦은 다시마를 찬물 1/2컵을 넣고 은근히 끓이다가 끓어오르면 다시마는 건져내고 불을 끈 다음 가쓰오부시를 넣고 10분 후 면포에 걸러 준비한다.

❷ 미역은 찬물에 불려 끓는 물에 살짝 데치고 레몬은 슬라이스, 실파는 송송 썰고, 무는 강판에 갈아 고춧가루로 색을 들인다(아까오로시 あかおろし).

❸ 오이는 사선으로 2/3 정도 촘촘히 칼집을 넣어준 다음 반 바퀴 돌려 같은 방법으로 칼집을 넣어 자바라큐리를 만들어 소금에 절인다(자바라큐리 じゃばらきゅうり).

❹ 해삼은 소금에 문질러 씻어 배 쪽에 칼집을 넣어 내장을 빼낸 후 양끝을 잘라내고 적당한 크기로 썬다.

❺ 미역은 김발을 이용해 촘촘하게 말아서 4~5cm 길이로 잘라낸다.

❻ 그릇에 자바라큐리 2개, 미역, 해삼, 레몬, 실파, 무즙을 모양내어 담는다.

❼ 폰즈(가쓰오다시 1큰술, 간장 1큰술, 식초 1큰술)를 만들어 끼얹어낸다.

20분

갑오징어명란무침

甲烏賊明卵和え

こういかめんたいあえ

요구사항

※ 주어진 재료를 사용하여 다음과 같이 갑오징어명란무침을 만드시오.

가. 명란젓은 껍질을 제거하고 알만 사용하시오.
나. 갑오징어는 속껍질을 제거하여 사용하시오.
다. 갑오징어를 소금물에 데쳐 0.3cm×0.3cm×5cm 크기로 썰어 사용하시오.

수험자 참고사항

1) 갑오징어는 잘 손질하여 얇은 껍질도 제거하여 사용한다.

실기편

지급재료목록

갑오징어몸살........................70g
명란젓..................................40g
무순......................................10g
소금(정제염).........................100g
청차조기잎(시소)....................1장
*깻잎으로 대체 가능

만드는 방법

❶ 무순과 시소(깻잎)는 찬물에 담가둔다.

❷ 갑오징어몸살은 안과 밖 껍질을 잘 벗겨내고 0.3cm×0.3cm×5cm로 채를 썬다.

❸ 살짝 데운 물에 청주를 넣고 채 썬 갑오징어를 살짝 데친다.

❹ 명란젓은 껍질을 잘 벗기고 알만 빼낸다.

❺ 데친 갑오징어몸살과 명란알을 잘 섞어 주고 소금을 약간 넣어 버무린다.

❻ 그릇에 시소(깻잎)를 깔고 갑오징어명란무침을 올린 후 무순을 오른쪽에 장식한다.

20분

된장국

味噌汁

みそしる

요구사항

※ 주어진 재료를 사용하여 다음과 같이 된장국을 만드시오.

가. 다시마와 가다랑어포(가쓰오부시)로 가다랑어국물(가쓰오다시)을 만드시오.

나. 1cm×1cm×1cm로 썬 두부와 미역은 데쳐 사용하시오.

다. 된장을 풀어 한소끔 끓여내시오.

수험자 참고사항

1) 채소는 크기가 알맞도록 썬다.
2) 된장은 풀어 살짝 끓여낸다.
3) 다른 품목과 같이 완료하여 식지 않도록 한다.

지급재료목록

재료	분량
일본된장	40g
건다시마(5×10cm)	1장
판두부	20g
실파(1뿌리)	20g
산초가루	1g
가다랑어포(가쓰오부시)	5g
건미역	5g
청주	20mL

만드는 방법

❶ 냄비에 젖은 면포로 닦은 다시마와 찬물 2컵을 넣고 은근히 끓이다가 끓어오르면 다시마는 건져내고 불을 끈 다음 가쓰오부시를 넣고 10분 후 면포에 걸러 준비한다(가쓰오다시).

❷ 두부는 사방 1cm 크기로 균일하게 자르고, 미역은 물에 불려 1cm 간격으로 잘라 두부와 미역을 각각 끓는 물에 데친 다음 그릇에 담아둔다.

❸ 실파는 푸른 부분만 송송 썰어 둔다.

❹ 냄비에 가쓰오다시를 붓고 일본된장 1큰술을 체에 풀어서 살짝 끓으면 거품은 걷어내고 청주 1큰술을 넣는다(아카미소 あかみそ).

❺ 두부, 미역을 담은 그릇에 살짝 끓인 가쓰오다시를 재료가 약간 잠길 정도로 부은 다음 실파와 산초가루를 담아낸다.

30분

도미머리맑은국

鯛の吸い物

たいのすいもの

요구사항

※ 주어진 재료를 사용하여 다음과 같이 도미머리 맑은국을 만드시오.

가. 도미머리 부분을 반으로 갈라 50~60g 크기로 사용하시오.
(단, 도미는 머리만 사용하여야 하고, 도미 몸통(살)을 사용할 경우 실격 처리)
나. 소금을 뿌려 놓았다가 끓는 물에 데쳐 손질하시오.
다. 다시마와 도미머리를 넣어 은근하게 국물을 만들어 간 하시오.
라. 대파의 흰 부분은 가늘게 채(시라가네기) 썰어 사용하시오.
마. 간을 하여 각 곁들일 재료를 넣어 국물을 부어 완성하시오.

지급재료목록

도미(200~250g) 1마리
*도미과제 중복 시 두 가지 과제에 도미 1마리 지급
대파 1토막
*10cm 정도, 흰 부분
죽순 30g
건다시마(5×10cm) 1장
소금(정제염) 20g
국간장 5mL
*진간장 대체 가능
레몬 1/4개
청주 5mL

수험자 참고사항

1) 도미는 머리만 사용하고 비늘이나 불순물이 없도록 손질한다.
2) 국물에 비린내가 나지 않도록 한다.
3) 다른 작품과 같은 시간에 완료시켜 뜨겁게 완성한다.

만드는 방법

❶ 도미는 비늘과 지느러미를 제거한 다음 내장을 제거하고 머리를 어슷하게 잘라 반으로 가르고 소금을 뿌려 둔다.

❷ 죽순은 편으로 썰어 끓는 물에 데쳐두고 소금에 절인 도미머리를 씻은 다음 살짝 데쳐낸다(시모후리즈쿠리 しもふりづくり = しもふり).

❸ 레몬은 껍질 부분을 오리발 모양으로 썰고, 대파는 가늘게 채를 썰어 찬물에 담가둔다(시라가네기).

❹ 냄비에 물 2컵, 다시마를 넣고 끓으면 다시마를 건지고 손질한 도미머리를 넣어 끓인다. 은근하게 익혀 거품을 제거하면서 청주 1작은술, 국간장 1작은술, 소금 1/2작은술로 간한다.

❺ 머리를 건져 그릇에 담고 죽순, 오리발을 놓은 다음 도미머리가 잠길 정도의 국물을 부은 뒤 채 썬 대파를 올려 담는다.

20분

대합맑은국

蛤の吸い物
はまぐりのすいもの

요구사항

※ 주어진 재료를 사용하여 다음과 같이 대합 맑은국을 만드시오.

가. 조개 상태를 확인한 후 해감하여 사용하시오.
나. 다시마와 백합조개를 넣어 끓으면 다시마를 건져내시오.

수험자 참고사항

1) 찬물에 조개를 넣어 끓어 올라 국물이 잘 우러나오도록 한다.
2) 곁들일 채소를 밑손질하여 사용할 수 있도록 한다.
3) 조개 국물에 간을 하여 약간 싱거운 맛이 나야 한다.
4) 다른 품목과 같이 뜨거울 때 완성하여야 한다.

지급재료목록

백합조개 2개
*개당 40g, 5cm 내외
쑥갓 10g
레몬 1/4개
청주 5mL
소금(정제염) 10g
국간장 5mL
*진간장 대체 가능
건다시마(5×10cm) 1장

만드는 방법

❶ 쑥갓은 찬물에 담가둔다.

❷ 조개는 소금으로 문지르고, 껍질 부분을 깨끗하게 씻어 옅은 소금물에 담가 해감시킨다.

❸ 레몬은 껍질 부분을 오리발 모양으로 만든다.

❹ 냄비에 물 2컵을 붓고, 다시마와 조개를 넣어서 중불 이하에서 끓인다.

❺ 끓으면 다시마는 건져내고, 청주 1작은술, 국간장 1작은술, 소금 1/2작은술로 간을 한다.

❻ 조개의 입이 벌어지면 건져내어 그릇에 담고 국물을 8부 정도 부어준 다음 쑥갓과 오리발을 올려 담는다.

30분

도미조림

鯛の煮付け

たいのにつけ

요구사항

※ 주어진 재료를 사용하여 다음과 같이 도미조림을 만드시오.

가. 손질한 도미를 5~6cm로 자르고 머리는 반으로 갈라 소금을 뿌리시오.

나. 머리와 꼬리는 데친 후 불순물을 제거하시오.

다. 도미를 냄비에 앉혀 양념하고 오토시부타(냄비 안에 들어가는 뚜껑이나 호일)를 덮으시오.

라. 완성 후 접시에 담고 생강채(하리쇼가)와 채소를 앞쪽에 담아내시오.

수험자 참고사항

1) 곁들일 채소를 준비하여 처음 넣을 것과 나중에 넣을 것을 구분한다.
2) 조릴 때 타거나 눌지 않게 해야 한다.
3) 국물이 적당히 남도록 해야 한다.

지급재료목록

도미(200~250g) 1마리
우엉 40g
꽈리고추(2개) 30g
통생강 30g
흰설탕 60g
청주 50mL
진간장 90mL
소금(정제염) 5g
건다시마(5×10cm) 1장
맛술(미림) 50mL

만드는 방법

❶ 냄비에 젖은 면포로 닦은 다시마와 찬물 1컵을 넣고 은근히 끓이다가 끓어오르면 다시마를 건져낸다.

❷ 도미는 비늘과 지느러미를 제거한 후 배를 갈라 내장을 제거하고 머리, 몸통, 꼬리로 3등분한다.

❸ 잘라낸 도미의 머리는 반으로 가르고, 몸통은 세장 뜨기를 하며, 꼬리는 살쪽에 ×자로 칼집, 꼬리지느러미는 V자 모양으로 잘라 소금을 뿌려낸다.

❹ 우엉은 껍질을 벗겨 1cm×5cm 정도로 잘라 찬물에 담그고, 생강은 채 썰어 찬물에 헹구어 둔다(사라시 さらし).

❺ 꽈리고추는 꼭지를 떼어 손질한다.

❻ 손질한 도미는 끓는 물에 소금을 넣고 살짝 데쳐서 찬물에 식혀 이물질을 제거하고 물기를 제거한다.

❼ 냄비에 다시마다시 1/2컵, 간장 6큰술, 청주 3큰술, 맛술(미림) 2큰술, 설탕 2큰술을 넣고 우엉과 도미를 앉혀 오토시부타로 덮어 센불로 끓이다가 끓어오르면 중불로 줄여 윤기나게 조린다.

❽ 국물이 3큰술 정도 남으면 꽈리고추를 넣어서 살짝 익힌다.

❾ 그릇에 도미의 몸통을 먼저 담고 머리와 꼬리를 기대듯 세워 담은 뒤 우엉과 꽈리고추를 오른쪽 앞에 오도록 담아내고 생강채(하리쇼가 はりしょうが)를 수북하게 담아낸다.

30분

달걀찜

茶碗蒸し

ちゃわんむし

요구사항

※ 주어진 재료를 사용하여 다음과 같이 달걀찜을 만드시오.

가. 은행은 삶고, 밤은 구워서 사용하시오.

나. 간장으로 밑간한 닭고기와 나머지 재료는 1cm 크기로 썰어 데쳐서 사용하시오.

라. 레몬껍질과 쑥갓을 올려 마무리하시오.

수험자 참고사항

1) 각 재료는 적합한 크기로 자르거나 손질하여 밑간한다.
2) 가다랑어포로 다시(국물)를 내어 적당한 달걀물을 만들어야 한다.
3) 찔 때 불 조절을 잘하고 평면이 부풀어 오르지 않아야 한다.
4) 다른 작품과 같이 완료되어 식지 않아야 한다.

지급재료목록

재료	분량
달걀	1개
새우(약 6~7cm)	1마리
어묵(판어묵)	15g
생표고버섯(10g)	1/2개
밤	1/2개
가다랑어포(가쓰오부시)	10g
닭고기살	20g
은행(겉껍질 깐 것)	2개
흰살 생선	20g
쑥갓	10g
진간장	10mL
소금(정제염)	5g
청주	10mL
레몬	1/4개
죽순	10g
건다시마(5×10cm)	1장
이쑤시개	1개
맛술(미림)	10mL

만드는 방법

❶ 냄비에 젖은 면포로 닦은 다시마와 찬물 1컵을 넣고 은근히 끓이다가 끓어오르면 다시마는 건져내고 불을 끈 다음 가쓰오부시를 넣고 10분 후 면포에 걸러 준비한다.

❷ 쑥갓은 찬물에 담가두고 표고버섯, 죽순, 어묵, 닭고기, 흰살 생선을 사방 1cm 크기로 자른다.

❸ 흰살 생선은 소금으로, 닭고기는 간장으로 간을 하고, 새우는 머리와 내장을 제거한다.

❹ 끓는 물에 죽순, 표고버섯, 은행, 어묵, 생선살, 새우, 닭고기살을 데쳐내고 밤은 꼬챙이에 꽂아 구워낸다.

❺ 레몬은 오리발을 만들고 데친 새우는 껍질을 벗겨 반으로 포를 뜬다.

❻ 달걀은 풀어 가쓰오다시 1/2컵, 맛술(미림) 1/2큰술, 소금으로 간을 하고 고운체에 거른다.

❼ 죽순, 표고버섯, 은행, 어묵, 생선살, 닭고기살, 밤을 그릇에 담고 체에 거른 달걀을 그 위에 조심스럽게 붓는다.

❽ 냄비에 중탕으로 14분 정도 찌고, 고명(쑥갓, 오리발)을 올리고 1분 정도 더 쪄준다.

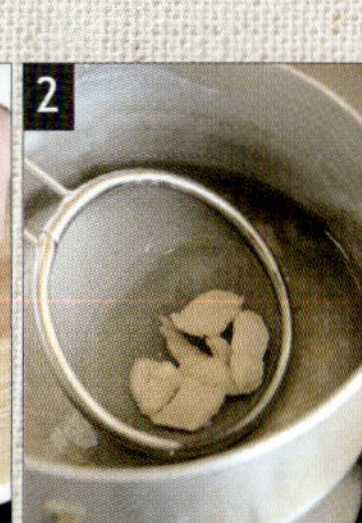

30분

도미 술찜

鯛の酒蒸

たいのさかむし

요구사항

※ 주어진 재료를 사용하여 다음과 같이 도미술찜을 만드시오.

가. 머리는 반으로 자르고, 몸통은 세장뜨기 하시오.
나. 손질한 도미살을 5~6cm로 자르고 소금을 뿌려, 머리와 꼬리는 데친 후 불순물을 제거하시오.
다. 청주를 섞은 다시(국물)에 쪄내시오.
라. 당근은 매화꽃, 무는 은행잎 모양으로 만들어 익혀내시오.
마. 초간장(폰즈)과 양념(야꾸미)을 만들어 내시오.

수험자 참고사항

1) 도미살에는 가시가 없도록 한다.
2) 다시(국물)를 만들고 술의 알코올을 제거하여야 한다.
3) 다시(국물)와 술을 적당량 혼합하여 찐다.

지급재료목록

도미(200~250g)	1마리
배추	50g
당근	60g
*둥근 모양으로 잘라서 지급	
무	50g
판두부	50g
생표고버섯(20g)	1개
죽순	20g
쑥갓	20g
레몬	1/4개
청주	30mL
건다시마(5×10cm)	1장
진간장	30mL
식초	30mL
고춧가루(고운 것)	2g
실파(1뿌리)	20g
소금(정제염)	5g

만드는 방법

❶ 쑥갓은 찬물에 담구고, 냄비에 찬물 1컵과 다시마를 넣고 끓여 다시마다시를 낸다.

❷ 도미는 비늘과 지느러미를 제거한 후 배를 갈라 내장을 제거하고 머리, 몸통, 꼬리를 분리하여 머리는 반으로 가르고 몸통과 꼬리는 세장 뜨기하여 잔가시를 제거한 다음 소금을 뿌려둔다.

❸ 무는 은행잎 모양으로 썰고 남은 무는 강판에 갈아 찬물에 헹구고 고춧가루로 물을 들인다(아까오로시 あかおろし).

❹ 당근은 매화꽃 모양, 죽순은 편으로, 표고버섯은 별 모양, 대파는 어슷하게 썰고 두부는 직사각형 모양으로 2~3장 준비한다.

❺ 채소는 끓는 물에 데쳐 찬물에 헹구고 배추는 김발에 말아 어슷하게 썰어둔다.

❻ 손질한 도미는 끓는 물에 살짝 데쳐낸다.

❼ 그릇에 보기 좋게 담고 다시마다시 2큰술, 청주 2큰술을 뿌려 찜기에 10분간 쪄낸다.

❽ 쑥갓을 올리고 야꾸미와 폰즈(다시마다시 1큰술, 간장 1큰술, 식초 1큰술)를 함께 낸다.

25분

달걀말이

出し巻き

だしまき

요구사항

※ 주어진 재료를 사용하여 다음과 같이 달걀말이를 만드시오.

가. 달걀과 가다랑어국물(가쓰오다시), 소금, 설탕, 맛술(미림)을 섞은 후 체에 걸러 사용하시오.

나. 젓가락을 사용하여 달걀말이를 한 후 김발을 이용하여 사각 모양을 만드시오(달걀을 말 때 주걱이나 손을 사용할 경우 감점 처리).

다. 길이 8cm, 높이 2.5cm, 두께 1cm로 썰어 8개를 만들고, 완성되었을 때 틈새가 없도록 하시오.

라. 달걀말이(다시마끼)와 간장무즙을 접시에 보기 좋게 담아내시오.

지급재료목록

달걀 6개
흰설탕 20g
건다시마(5×10cm) 1장
소금(정제염) 10g
식용유 50mL
가다랑어포(가쓰오부시) 10g
맛술(미림) 20mL
무 100g
진간장 30mL
청차조기잎(시소) 2장

*깻잎으로 대체 가능

만드는 방법

❶ 시소(깻잎)는 찬물에 담가둔다.

❷ 냄비에 물 1컵과 다시마를 넣고 끓인 후 불을 끈 다음 가다랑어포를 넣어 10분간 두었다가 면포에 걸러 가쓰오다시를 만든다.

❸ 그릇에 달걀 6개를 풀고 가쓰오다시 3큰술, 맛술(미림) 1큰술, 설탕 1큰술, 소금 1작은술을 넣고 잘 저어 고운 체에 내린다.

❹ 사각팬을 달군 후 달걀물을 조금씩 부어가면서 젓가락을 사용하여 길이 8cm, 높이 2.5cm, 두께 1cm로 말아준다.

❺ 익힌 달걀에 김발을 감싸 모양을 잡아주고 살짝 식힌 후 8등분하여 접시에 시소(깻잎)를 깔아 그 위에 담는다.

❻ 무는 강판에 갈아 찬물에 헹궈 물기를 제거하고 동그랗게 말아서 접시에 담고 간장을 부어준다.

30분

삼치소금구이

鰆の塩焼

さわらのしおやき

요구사항

※ 주어진 재료를 사용하여 다음과 같이 삼치소금구이를 만드시오.

가. 삼치는 세장뜨기한 후 소금을 뿌려 10~20분 후 씻고 쇠꼬챙이에 끼워 구워내시오.
나. 채소는 각각 초담금 및 조림을 하시오.
다. 구이 그릇에 삼치소금구이와 곁들임을 담아 완성하시오.
라. 길이 10cm 크기로 2조각을 제출하시오.

수험자 참고사항

1) 겉표면이 타지 않도록 불 조절을 잘 한다.

지급재료목록

삼치(400~450g)	1/2마리
레몬	1/4개
깻잎	1장
소금(정제염)	30g
무	50g
우엉	60g
식용유	10mL
식초	30mL
건다시마(5×10cm)	1장
진간장	30mL
흰설탕	30g
청주	15mL
흰참깨(볶은 것)	2g
쇠꼬챙이(30cm)	3개
맛술(미림)	10mL

만드는 방법

❶ 시소(깻잎)는 찬물에 담가 놓고, 냄비에 건다시마를 넣고 끓여 다시마 다시를 만든다.

❷ 삼치는 머리와 내장을 제거하여 깨끗이 손질하고, 세장뜨기(산마이오로시 さんまいおろし)를 한 후 껍질에 칼집을 넣고 소금을 뿌려둔다.

❸ 무는 국화로 만들어 단촛물(식초 2큰술, 물 2큰술, 설탕 1큰술, 소금 약간)에 초담금을 한다(스즈케 すづけ).

❹ 우엉은 껍질을 벗겨 길이 4~5cm에 폭은 균일하게 잘라 식초물에 담가 두었다가 냄비에 식용유 약간 두르고 볶다가 조림장(다시마다시 3큰술, 간장 2큰술, 청주 1큰술, 맛술(미림) 1/2큰술, 설탕 1큰술)에 졸여 준다(킨피라고보 きんぴらごぼう).

❺ 졸인 우엉의 한쪽 끝에 흰참깨를 묻힌다.

❻ 레몬의 반은 잘라 장식으로 쓰고 반은 껍질만 잘게 다져서 무 국화꽃의 꽃술로 올린다.

❼ 소금에 절인 삼치는 씻어 물기를 뺀 다음 그 위에 소금을 살짝 뿌려 쇠꼬챙이를 꽂고 직화로 살부터 노릇하게 구워낸다(쿠시야키 くしやき).

❽ 접시에 물기 뺀 시소(깻잎)를 깔고, 구운 삼치 껍질이 위로 보이게 놓은 다음 레몬 조각, 초절임 무, 우엉 조림을 곁들인다.

20분

소고기간장구이

牛肉の照り焼き

ぎゅうにくのてりやき

요구사항

※ 주어진 재료를 사용하여 다음과 같이 소고기간장구이를 만드시오.

가. 양념간장(다래)과 생강채(하리쇼가)를 준비하시오.
나. 소고기를 두께 1.5cm, 길이 3cm로 자르시오.
다. 프라이팬에 구이를 한 다음 양념간장(다래)을 발라 완성하시오.

지급재료목록

소고기(등심, 덩어리)	160g
건다시마(5×10cm)	1장
통생강	30g
검은 후춧가루	5g
진간장	50mL
산초가루	3g
청주	50mL
소금(정제염)	20g
식용유	100mL
흰설탕	30g
맛술(미림)	50mL
깻잎	1장

만드는 방법

❶ 시소(깻잎)는 찬물에 감가두고 냄비에 젖은 면포로 닦은 다시마를 찬물 1컵을 넣어 은근히 끓이다가 끓어오르면 다시마는 건져낸다.

❷ 소고기는 너무 두꺼운 것은 포를 뜨고 두께 1.5cm 정도, 길이 3cm로 잘라 칼끝으로 힘줄을 끊어주고 두들겨 연육하여 소금, 검은 후춧가루로 밑간을 해둔다.

❸ 냄비에 다시마다시 4큰술, 간장 2큰술, 청주 2큰술, 맛술(미림) 2큰술, 설탕 2큰술을 넣고 끓여 다래(たれ)소스를 만든다.

❹ 생강은 얇게 편으로 채썰어(하리쇼가 はりしょうが) 찬물로 헹군다.

❺ 팬에 기름을 살짝 두르고 소고기를 초벌구이 한 다음 다래(たれ)소스를 발라가면서 윤기나게 졸여낸다.

❻ 익힌 소고기는 너비 1cm 크기로 칼을 눕혀 썬다.

❼ 접시에 시소(깻잎)를 깐 다음 소고기를 올려 담고 생강채를 올린다.

❽ 산초가루를 살짝 뿌려낸다.

25분

전복버터구이

アワビのバター焼き

요구사항

※ 주어진 재료를 사용하여 다음과 같이 전복버터구이를 만드시오.

가. 전복은 껍질과 내장을 분리하고 칼집을 넣어 한입 크기로 어슷하게 써시오.
나. 내장은 모래주머니를 제거하고 데쳐 사용하시오.
다. 채소는 전복의 크기로 써시오.
라. 은행은 속껍질을 벗겨 사용하시오.

지급재료목록

전복(2마리, 껍질 포함)............ 150g
청차조기잎(시소)........................... 1장
*깻잎으로 대체 가능
양파(중, 150g)........................ 1/2개
청피망(중, 75g)........................ 1/2개
청주.. 20mL
은행(중간 크기)........................... 5개
버터.. 20g
검은 후춧가루............................. 2g
소금(정제염)............................... 15g
식용유.................................... 30mL

만드는 방법

❶ 시소(깻잎)는 찬물에 담구고 양파와 청피망은 먹기 좋은 한입 크기로 썬다.

❷ 전복은 살 부분을 깨끗이 닦은 다음 수저를 이용하여 살과 껍질을 분리한다.

❸ 분리된 전복의 입을 잘라 내고, 내장의 모래집을 제거한다.

❹ 전복을 뒤집어 가로, 세로로 칼집을 넣고, 대각선으로 칼을 눕혀 2~3mm 간격으로 3~4쪽씩 자른다.

❺ 모래집을 제거한 전복 내장은 살짝 데친 후 물기를 제거한다.

❻ 팬에 식용유를 두르고 은행을 볶아 키친타올로 껍질을 제거한다.

❼ 팬에 식용유를 넣고 전복 내장을 볶다가 썰어놓은 전복을 함께 넣어 볶으면서 청주로 비린내를 제거하고 양파, 피망, 은행을 넣어 소금, 검은 후춧가루로 간하고, 마지막으로 버터를 넣어 볶아 약간 색깔이 나도록 볶는다.

❽ 접시에 시소(깻잎)를 깔고 그 위에 볶은 채소와 전복을 올려 담는다.

30분

우동볶음 야끼우동

焼きうどん
やきうどん

요구사항

※ 주어진 재료를 사용하여 다음과 같이 우동볶음(야끼우동)을 만드시오.

가. 새우는 껍질과 내장을 제거하고 사용하시오.
나. 오징어는 솔방울 무늬로 칼집을 넣어 1cm×4cm 크기로 썰어서 데쳐 사용하시오.
다. 우동은 데쳐서 사용하고, 숙주를 제외한 나머지 채소는 4cm 길이로 썰어 사용하시오.
라. 가다랑어포(하나가쓰오)를 고명으로 얹으시오.

수험자 참고사항

1) 우동과 해물, 채소 등이 잘 어우러지게 볶아낸다.

지급재료목록

우동 150g
작은 새우(껍질 있는 것) 3마리
갑오징어몸살(물오징어 대체 가능) 50g
양파(중, 150g) 1/8개
숙주 80g
생표고버섯 1개
당근 50g
청피망(중, 75g) 1/2개
가다랑어포(하나가쓰오, 고명용) 10g
청주 30mL
진간장 15mL
맛술(미림) 15mL
식용유 15mL
참기름 5mL
소금 5g

만드는 방법

❶ 숙주는 머리와 꼬리를 제거하고, 청피망, 양파, 당근, 생표고버섯은 1cm×4cm 크기로 썰어 끓는 물에 살짝 데친다.

❷ 새우는 내장을 제거하고 끓는 물에 데친 후 껍질을 제거한다.

❸ 오징어는 껍질을 제거하고 내장 쪽으로 가로, 세로 잔칼집을 넣은 후 1cm×4cm 크기로 썬 다음 끓는 물에 데친다.

❹ 우동은 끓는 물에 데쳐놓는다.

❺ 달군 팬에 식용유(15mL)를 두르고, 오징어와 새우를 볶는다. 이때, 청주 1큰술을 넣는다. 생표고버섯, 당근, 양파를 넣고 볶다가 마지막에 청피망과 숙주를 넣고 볶는다. 여기에 데친 우동을 넣고 청주 1큰술, 맛술(미림) 1큰술, 진간장 1큰술, 소금 1작은술, 참기름 1작은술로 양념한다.

❻ 그릇에 담고 가다랑어포(하나가쓰오)를 고명으로 올려담는다.

30분

메밀국수 자루소바

笊蕎麦
ざるそば

요구사항

※ 주어진 재료를 사용하여 다음과 같이 메밀국수(자루소바)를 만드시오.

가. 소바다시를 만들어 얼음으로 차게 식히시오.
나. 메밀국수는 삶아 얼음으로 차게 식혀서 사용하시오.
다. 메밀국수는 접시에 김발을 펴서 그 위에 올려내시오.
라. 김은 가늘게 채 썰어(하리노리) 메밀국수에 얹어 내시오.
마. 메밀국수, 양념(야꾸미), 소바다시를 각각 따로 담아내시오.

수험자 참고사항

1) 지급된 양념(야꾸미) 재료를 각각 특성에 맞게 준비하여 곁들여 내도록 한다.

지급재료목록

메밀국수(생면) 150g
*건면 100g으로 대체 가능
무 60g
실파(2뿌리) 40g
김 1/2장
고추냉이(와사비분) 10g
가다랑어포(가쓰오부시) 10g
건다시마(5×10cm) 1장
진간장 50mL
흰설탕 25g
청주 15mL
맛술(미림) 10mL
각얼음 200g

만드는 방법

❶ 냄비에 물 1컵과 다시마를 넣어 끓이다가 불을 끄고 가다랑어포(가쓰오부시)를 넣고 10분간 둔 다음 걸러낸다.

❷ 가쓰오다시에 간장 3큰술, 설탕 1과 1/2큰술, 청주 1큰술, 맛술(미림) 1/2큰술을 넣고 1분 정도 끓여 차갑게 식힌다(소바다시 蕎麦だし).

❸ 무는 강판에 갈아 물에 씻어 물기를 빼서 준비하고 실파는 송송 썬다. 와사비는 찬물에 개어 무, 실파와 함께 종지에 담는다(야꾸미 やくみ).

❹ 메밀국수는 끓는 물에 삶아서 찬물에 헹군 다음 얼음으로 차게 식혀 놓는다.

❺ 김은 구워 채 썬다(하리노리 はりのり).

❻ 메밀국수는 접시에 김발을 펴서 똬리를 틀어 올려 담고 하리노리를 올린다. 소바다시는 볼에 부어 담고 야꾸미, 와사비를 곁들여 낸다.

30분

소고기덮밥

牛肉丼
ぎゅうにくどんぶり

요구사항

※ 주어진 재료를 사용하여 다음과 같이 소고기덮밥을 만드시오.

가. 덮밥용 양념간장(돈부리 다시)을 만들어 사용하시오.
나. 고기, 채소, 달걀은 재료 특성에 맞게 조리하여 준비한 밥 위에 올려 놓으시오.
다. 김을 구워 칼로 잘게 썰어(하리노리) 사용하시오.

지급재료목록

재료	분량
소고기(등심)	60g
양파(중, 150g)	1/3개
실파(1뿌리)	20g
팽이버섯	10g
달걀	1개
김	1/4장
흰설탕	10g
진간장	15mL
건다시마(5×10cm)	1장
맛술(미림)	15mL
소금(정제염)	2g
밥(뜨거운 밥)	120g
가다랑어포(가쓰오부시)	10g

수험자 참고사항

1) 채소는 너무 익히지 않도록 유의한다.
2) 덮밥용 국물의 양에 유의한다.

만드는 방법

❶ 냄비에 젖은 면포로 닦은 다시마와 찬물 1컵을 넣고 은근히 끓이다가 끓어오르면 다시마는 건져내고 불을 끈 다음 가쓰오부시를 넣고 10분 후 면포에 걸러 준비한다.

❷ 양파는 4cm 길이로 얇게 채를 썰고, 팽이버섯, 실파도 4cm 길이로 자른다.

❸ 소고기는 핏물을 제거하고 5cm 길이로 썰고 결 반대로 1cm 정도 넓이로 썰어둔다.

❹ 김은 구워서 칼로 잘게 썬다(하리노리 はりのり).

❺ 달걀은 풀어서 알끈을 제거하고 소금 간을 해둔다.

❻ 팬에 가쓰오다시 1/2컵, 간장 1큰술, 미림(맛술) 1큰술, 설탕 1/2큰술(돈부리다시 どんぶりだし)을 넣고 소고기와 함께 중불에서 끓이면서 떠오르는 거품을 제거한 후 양파, 팽이버섯을 넣어 반쯤 익으면 풀어둔 달걀을 부어 재료 위에 골고루 덮어준다.

❼ 달걀이 반쯤 익으면 실파를 얹고 불을 끈다.

❽ 밥 위에 가지런히 국물과 함께 담고 썰어 놓은 김을 올린다.

25분

김초밥

海苔巻き

のりまきすし

요구사항

※ 주어진 재료를 사용하여 다음과 같이 김초밥을 만드시오.

가. 박고지, 달걀말이, 오이 등 김초밥 속재료를 만드시오.
나. 초밥초를 만들어 밥에 간하여 식히시오.
다. 김초밥은 일정한 두께와 크기로 8등분하여 담으시오.
라. 간장을 곁들여 제출하시오.

수험자 참고사항

1) 박고지는 뜨거운 물에 담근 다음 잘 씻어야 한다.
2) 각 재료를 졸이고, 소금에 절이고, 달걀말이 한다.
3) 김과 김발을 사용하여 말이를 하고 초생강을 준비한다.

지급재료목록

김(초밥김) 1장
밥(뜨거운 밥) 200g
달걀 2개
박고지 10g
통생강 30g
청차조기잎(시소) 1장
*깻잎으로 대체 가능
오이 1/4개
*가늘고 곧은 것, 길이 20cm
오보로 10g
식초 70mL
흰설탕 50g
소금(정제염) 20g
식용유 10mL
진간장 20mL
맛술(미림) 10mL

만드는 방법

❶ 시소(깻잎)는 찬물에 담구고 박고지는 뜨거운 물에 불린 다음 잘 씻는다.

❷ 냄비에 식초 3큰술, 설탕 2큰술, 소금 1작은술을 넣어 살짝 데워 초밥초를 만들고 밥에 잘 섞이도록 준비한다.

❸ 생강은 얇게 저며 편으로 썰고 끓는 물에 데친 후 남은 배합초에 담가둔다.

❹ 냄비에 물 3큰술, 간장 1큰술, 설탕 1큰술, 맛술(미림) 1큰술을 넣고 박고지가 간이 배도록 조린다.

❺ 오이는 씨를 제거한 후 사방 1cm 크기로 잘라 소금에 절인다.

❻ 달걀은 잘 풀어 맛술(미림)과 소금을 넣고 팬에 달걀말이를 만들어 오이와 같은 크기로 썰어둔다.

❼ 김발에 김을 올리고 밥을 얇게 펴서 깐 다음 오이, 오보로, 달걀, 박고지를 올리고 김밥을 만 다음 8등분으로 자른다.

❽ 시소(깻잎)를 올린 접시에 김밥을 담고 생강을 올려 담는다. 간장을 곁들여 낸다.

40분

생선초밥

握り鮨

にぎりずし

요구사항

※ 주어진 재료를 사용하여 다음과 같이 생선초밥을 만드시오.

가. 각 생선류와 채소를 초밥용으로 손질하시오.
나. 초밥초(스시스)를 만들어 밥에 간하여 식히시오.
다. 곁들일 초생강을 만드시오.
라. 쥔초밥(니기리스시)을 만드시오.
마. 생선초밥은 6종류 8개를 만들어 제출하시오.
바. 간장을 곁들여 내시오.

수험자 참고사항

1) 각 생선은 위생상 깨끗이 각각 밑손질 하여 포를 뜬다.

만드는 방법

❶ 참치를 소금물에 씻어 면포에 싸놓고 시소(깻잎)는 찬물에 담가둔다.

❷ 냄비에 식초 3큰술, 설탕 2큰술, 소금 1작은술을 넣고 살짝 데워 초밥초(스시스, すしす)를 만들고 밥에 잘 섞이도록 준비한다.

❸ 생강은 얇게 저며 편으로 썰고 끓는 물에 데친 후 남은 초밥초에 담가둔다.

❹ 새우는 내장 제거 후 이쑤시개를 꽂아 끓는 물에 데친 후 꼬리 한마디만 남기고 껍질을 벗긴 후 배 쪽에 칼집을 넣어 넓적하게 펴준다.

❺ 문어는 끓는 물에 삶아 식힌 후 물결 모양으로 포를 뜬다.

❻ 광어, 도미, 학꽁치는 껍질을 벗긴 후 포를 뜬다.

❼ 고추냉이는 동량의 찬물에 개어 놓는다.

❽ 초밥을 쥐기 전에 재료와 밥, 와사비, 식초 물을 준비한다.

❾ 오른손에 식초 물을 묻히고, 10~15g 정도의 밥을 둥글리는 모양으로 쥔다.

❿ 왼손은 엄지와 검지 손가락으로 재료 끝부분을 잡고 재료가 위로 향하도록 왼쪽 손바닥 위에 얹는다.

⓫ 초밥을 쥐고 있는 오른손의 검지 손가락으로 와사비를 찍은 후 왼손에 올려진 재료의 가운데에 바른다.

⓬ 왼손의 재료 위에 초밥을 얹고 왼손의 엄지로 초밥의 가운데 부분을 가볍게 눌러주고 타원형 모양으로 만든다.

⓭ 접시에 시소(깻잎)를 깔고, 8개의 초밥과 초생강을 담는다. 간장을 곁들여낸다.

지급재료목록

재료	분량
붉은색 참치살(아까미)	30g
광어살 *3×8cm 이상, 껍질 있는 것	50g
새우(30~40g)	1마리
학꽁치 *꽁치, 전어 대체 가능	1/2마리
도미살	30g
문어(삶은 것)	50g
밥(뜨거운 밥)	200g
청차조기잎(시소) *깻잎으로 대체 가능	1장
통생강	30g
고추냉이(와사비분)	20g
식초	70mL
흰설탕	50g
소금(정제염)	20g
진간장	20mL
대꼬챙이(10~15cm)	1개

20분

참치김초밥

鉄火巻き

てっかまき

요구사항

※ 주어진 재료를 사용하여 다음과 같이 참치 김초밥을 만드시오.

가. 김을 반장으로 자르고, 눅눅하거나 구워지지 않은 김은 구워 사용하시오.
나. 고추냉이와 초생강을 만드시오.
다. 초밥 2줄은 일정한 크기 12개로 잘라 내시오.
라. 간장을 곁들여 내시오.

수험자 참고사항

1) 냉동 참치는 소금물에 반 정도 녹여 행주에 싸서 해동시킨다.
2) 김을 눅눅하지 않게 보관하고 구워지지 않은 김은 한번 구이 한다.

지급재료목록

붉은색 참치살(아까미) 100g
고추냉이(와사비분) 15g
청차조기잎(시소) 1장
*깻잎으로 대체 가능
김(초밥김) 1장
밥(뜨거운 밥) 120g
통생강 20g
식초 70mL
흰설탕 50g
소금(정제염) 20g
진간장 10mL

만드는 방법

❶ 참치를 소금물에 씻어 면포에 싸놓고 시소(깻잎)는 찬물에 담가둔다.

❷ 냄비에 식초 3큰술, 설탕 2큰술, 소금 1작은술을 넣어 살짝 데워 초밥초를 만들고 밥에 잘 섞이도록 준비한다.

❸ 생강은 얇게 저며 편으로 썰고 끓는 물에 데친 후 남은 초밥초에 담가둔다.

❹ 고추냉이는 동량으로 찬물에 개어 놓는다.

❺ 1/2로 자른 김을 김발 위에 놓고 밥을 아주 얇게 펴서 고추냉이를 바른 후 참치를 올려 사각형으로 말아준다. 나머지 김도 같은 방식으로 한 개를 더 말아준다.

❻ 각각 6등분을 하여 12개를 자른다.

❼ 시소(깻잎) 위에 김초밥 12개를 담고, 초생강은 장미 형태로 말아 올리고 간장을 종지에 곁들여 낸다.

제3장

일본요리 편

40분

꼬치냄비

御田

おでん

요구사항

※ 주어진 재료를 사용하여 다음과 같이 꼬치냄비를 만드시오.

가. 어묵은 용도에 맞게 자르시오.
(단, 사각형으로 된 어묵은 5cm 정도로 잘라 사용한다.)
나. 다시마는 매듭을 만들고, 당근은 매화꽃 모양으로 만드시오.
다. 곤약은 길이 7cm, 폭 3cm 정도로 잘라서 꼬인 상태로 만들어 사용하시오.

꼬인 상태 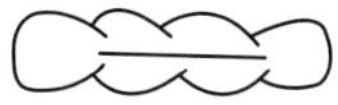

라. 소고기, 실파, 목이버섯, 당면, 배추, 당근으로 일본식 잡채를 만들어서 유부 주머니(후꾸로)에 넣어 데친 실파로 묶으시오.
마. 겨자와 간장을 함께 곁들이시오.

수험자 참고사항

1) 무 삶기와 곤약 조림에 유의한다.
2) 재료의 전처리에 유의한다.

지급재료목록

어묵 180g
*사각형, 완자, 구멍난 것
판곤약 50g
당근(둥근 모양으로 지급) 60g
무 70g
쑥갓 30g
건다시마(5×10cm) 1장
가다랑어포(가쓰오부시) 10g
진간장, 식용유 각 30mL
청주, 맛술(미림) 각 15mL
소금(정제염) 2g
대꼬챙이(20cm 정도) 2개
달걀(삶은 것) 1개
겨잣가루 10g
유부 2장
소고기 30g
실파(2뿌리) 40g
목이버섯 5g
당면 10g
배추(1/2장) 50g
검은 후춧가루 5g

만드는 방법

❶ 냄비에 젖은 면포로 닦은 다시마와 찬물 3컵을 넣고 은근히 끓이다가 끓어오르면 다시마는 건져내고 불을 끈 다음 가쓰오부시를 넣고 10분 후 면포에 걸러 준비한다. 건진 다시마는 매듭을 만들어둔다.

❷ 쑥갓은 찬물에 담구고 무는 밤톨 모양으로 자르고, 당근은 매화꽃 모양, 곤약은 길이 7cm×폭 3cm×두께 0.7cm로 잘라 가운데 칼집을 넣고 꼬인 모양으로 만든다.

❸ 목이버섯은 불려 채를 썰고, 어묵은 5cm 크기로 자르며 유부는 끝을 잘라 준비한다.

❹ 끓는 물에 겨자를 개어 발효시키고 실파 1뿌리, 곤약, 어묵, 유부를 데쳐내고 당면과 곤약, 무, 당근을 삶아낸다.

❺ 어묵은 대꼬챙이에 보기 좋게 꽂아 2개를 준비한다.

❻ 삶은 무, 곤약, 달걀은 가쓰오다시 1/2컵, 간장 2큰술, 청주 1큰술을 넣고 조려낸다.

❼ 유부 속재료인 다른 실파 1뿌리, 당근, 배추, 불린 목이버섯, 데친 당면, 소고기는 3cm 길이로 채 썰고 팬에 식용유를 두르고 볶으면서 간장, 검은 후춧가루로 양념하여 잡채를 만든 다음 유부 안에 넣고 데친 실파로 묶는다.

❽ 냄비에 각각의 재료들을 보기 좋게 담아내고, 가쓰오다시 2컵, 간장 1큰술, 맛술 1큰술, 소금으로 간을 하여 은근하게 끓이면서 거품을 제거하며 쑥갓을 넣고 마무리한다.

❾ 겨자는 간장종지에 간장 1큰술과 함께 담아낸다.

30분

도미냄비

鯛ちり
たいちり

요구사항

※ 주어진 재료를 사용하여 다음과 같이 도미냄비를 만드시오.

가. 손질한 도미를 5~6cm로 자르고 머리는 반으로 갈라 소금을 뿌리시오.
나. 머리와 꼬리는 데친 후 불순물을 제거하시오.
다. 당근은 매화꽃, 무는 은행잎 모양으로 만들어 익혀내시오.
라. 초간장(폰즈)과 양념(야꾸미)를 만드시오.

만드는 방법

❶ 냄비에 젖은 면포로 닦은 다시마와 찬물 2컵을 넣고 은근히 끓이다가 끓어오르면 다시마는 건져낸다.

❷ 쑥갓은 찬물에 담구고, 도미는 비늘과 지느러미를 제거한 후 아가미와 내장을 제거한 다음 머리를 어슷하게 썰고 몸통은 2등분한다. 머리는 반으로 자르고, 몸통과 꼬리는 세장 뜨기 한 다음 ×자로 칼집을 넣은 후 소금을 뿌려둔다(산마이오로시 さんまいおろし).

❸ 무는 은행잎, 당근은 매화꽃 모양을 만든 후 배추와 함께 데친다.

❹ 팽이버섯은 밑둥을 자르고, 두부는 2쪽, 표고버섯은 별 모양, 대파는 어슷썰기, 죽순은 편으로 썬다.

❺ 실파는 송송 썰고, 레몬은 반달 모양으로 정리한 다음 무를 갈아 고춧물을 들여 야꾸미를 완성하고 폰즈(다시마다시 1큰술, 간장 1큰술, 식초 1큰술)를 만든다.

❻ 채소 데친 물에 도미를 살짝 데쳐 놓는다(시모후리즈쿠리 しもふりづくり= しもふり).

❼ 냄비에 재료를 골고루 담고, 다시마다시 2컵에 청주 1큰술, 맛술 1큰술, 소금 1/2작은술, 간장으로 간을 하여 끓인다.

❽ 쑥갓과 팽이버섯은 내기 직전에 담아 살짝 끓인다.

지급재료목록

재료	분량
도미(140~150g)	1마리
배추	70g
무	110g
당근(둥근 모양으로 지급)	60g
대파	1토막
*흰 부분, 10cm 정도	
판두부	60g
죽순	50g
건다시마(5×10cm)	1장
팽이버섯	30g
생표고버섯(20g)	1개
쑥갓	30g
소금(정제염)	10g
청주	20mL
고춧가루(고운 것)	5g
실파(1뿌리)	20g
식초	30mL
진간장	30mL
레몬	1/4개
맛술(미림)	20mL

50분

모둠냄비

寄せなべ

よせなべ

요구사항

※ 주어진 재료를 사용하여 다음과 같이 모둠냄비를 만드시오.

가. 재료는 규격에 알맞도록 썰고 삶거나 데쳐 내시오.
나. 다시마와 가다랑어포(가쓰오부시)로 가다랑어국물(가쓰오다시)을 만드시오.
다. 달걀은 끓는 물에 살짝 풀어 익혀 후끼요세다마고로 만드시오.
라. 당근은 매화꽃, 무는 은행잎 모양으로 만들어 익혀내시오.

수험자 참고사항

1) 각 재료는 삶거나 데치고 먼저 넣어 끓일 것과 나중에 마무리 할 것을 구분해 둔다.
2) 국물(요세나베다시)을 따로 간해서 두고, 다른 준비가 다 되었을 때 끓인다.

만드는 방법

❶ 냄비에 젖은 면포로 닦은 다시마와 찬물 2컵을 넣고 은근히 끓이다가 끓어오르면 다시마는 건져내고 불을 끈 다음 가쓰오부시를 넣고 10분 후 면포에 걸러 준비한다(가쓰오다시).

❷ 무는 은행잎, 당근은 매화꽃, 표고버섯은 별 모양, 죽순은 편으로 썰어 배추와 함께 끓는 물에 데쳐낸다.

❸ 대파는 어슷하게 썰고, 두부는 1cm 두께의 직사각형, 찜어묵은 물결 모양으로 잘라둔다.

❹ 닭고기살은 한입크기로 잘라 간장으로 간하고 청주에 재워둔다. 흰살 생선은 한입크기로 잘라 소금을 뿌리고, 새우는 긴 수염과 물총, 내장을 제거한 후 이쑤시개 꽂아 놓는다.

❺ 조개는 눈을 따고 갑오징어는 가로, 세로로 잔칼집을 낸다.

❻ 채소를 데치고 난 물에 찜어묵, 새우, 오징어, 흰살 생선, 닭고기 순으로 데쳐낸다.

❼ 잘 푼 달걀을 끓는 물에 넣어 80~90% 익힌 후 체에 밭치고 김발로 모양을 잡아두었다가 물기가 빠지면 2~3cm 길이로 자른다(후끼요세다마고 ふきよせたまご).

❽ 제출냄비에 각 재료들의 색깔이 골고루 보이도록 담고 가쓰오다시 2컵, 간장, 소금, 청주로 간을 한다(요세나베다시 よせなべだし).

지급재료목록

재료	분량
닭고기살	20g
새우(30~40g 정도)	1마리
무	60g
찜어묵{판어묵(가마보꼬)}	30g
갑오징어몸살(오징어 대체가능)	50g
백합조개 *개당 40g 정도 5cm 내외, 모시조개로 대체 가능	1개
당근(둥근 모양으로 지급)	60g
배추(2장 정도)	80g
대파 *흰 부분, 10cm 정도	1토막
생표고버섯(20g)	1개
팽이버섯	30g
판두부	70g
흰살 생선	50g
달걀	1개
건다시마(5×10cm)	1장
쑥갓, 죽순	각 30g
청주	30mL
진간장	10mL
소금(정제염)	10g
가다랑어포(가쓰오부시)	20g
이쑤시개	1개

1

2

3

4

5

6

40분

전골냄비 스끼야끼

すき焼き
すきやき

요구사항

※ 주어진 재료를 사용하여 다음과 같이 전골냄비(스끼야끼)를 만드시오.

가. 전골(스끼야끼) 양념장(다래)과 국물(다시)을 준비하시오.
나. 고기와 채소류를 각각 적합한 크기로 썰어 준비하시오.
다. 우엉은 연필깍이썰기(사사가끼)로 하시오.
라. 재료의 특성에 맞게 순서대로 볶아서 익히시오.
마. 달걀은 소스로 별도 제출하시오.

수험자 참고사항

1) 익힐 때는 다른 작품과 함께 완성되도록 하고 생달걀 1개를 같이 내야 한다.

만드는 방법

❶ 쑥갓은 찬물에 담구고, 냄비에 젖은 면포로 닦은 다시마와 찬물 2컵을 넣고 은근히 끓이다가 끓어오르면 다시마는 건져낸다.

❷ 우엉은 연필깎기를 하여 찬물에 헹구어 놓는다(사사가키 ささがき).

❸ 죽순은 편으로 썰어 데치고, 실곤약은 데친 후 먹기 좋은 크기로 썬다.

❹ 배추는 한 입 크기, 양파는 1cm 두께의 반달 모양으로 자르고 대파는 어슷하게 썰며 표고버섯은 별 모양으로 칼집을 넣는다.

❺ 팽이버섯은 뿌리만 자르고, 두부는 1cm 두께로 직사각형으로 잘라 불에 굽는다.

❻ 소고기는 얇고 균일한 길이로 잘라서 핏물을 제거하고 나머지 손질한 재료와 쑥갓과 함께 접시에 사라모리한다(사라모리 さらもり).

❼ 다래소스(다시마다시 1컵, 간장 3큰술, 청주 2큰술, 설탕 2큰술)를 살짝 끓여 준비한다.

❽ 냄비에 식용유 살짝 두르고 배추→양파→대파→우엉→실곤약→두부→표고버섯→죽순 순으로 다래소스를 부어가면서 조금씩 익혀준다.

❾ 남은 다래소스를 다 붓고 고기를 살짝 익히면서 거품은 걷어내고 잠시 끓이다가 팽이버섯, 쑥갓은 마지막에 넣는다.

❿ 달걀은 깨트려서 젓지 말고 다른 종지에 담는다.

지급재료목록

재료	분량
소고기(등심)	100g
대파(흰 부분, 10cm)	1토막
판두부	50g
우엉	40g
생표고버섯(20g)	1개
팽이버섯	30g
배추	70g
양파(중, 150g 정도)	1/2개
실곤약	30g
죽순	30g
건다시마(5×10cm)	1장
달걀	1개
청주	30mL
흰설탕	30g
쑥갓	30g
진간장	50mL
식용유	10mL

25분

대합술찜

蛤の酒蒸し

はまぐりさかむし

요구사항

※ 주어진 재료를 사용하여 다음과 같이 대합술찜을 만드시오.

가. 조개의 밑 눈을 제거하시오.
나. 청주를 섞은 다시(국물)에 쪄내시오.
다. 당근은 매화꽃, 무는 은행잎 모양으로 만들어 익혀내시오.
라. 초간장(폰즈)과 양념(야꾸미)을 만들어 내시오.

수험자 참고사항

1) 조개의 눈을 따내서 벌어지는 것을 방지하여야 한다.
2) 다시(국물)를 만들고 술의 알코올을 제거하여야 된다.
3) 조개를 데바칼로 입을 벌려 다시 뚜껑을 덮고 쑥갓을 곁들여서 다른 작품과 같이 완료시킨다.

지급재료목록

재료	양
백합조개 *개당 40g 정도, 5cm 내외	2개
청주	50mL
건다시마(5×10cm)	1장
소금(정제염)	5g
레몬	1/4개
쑥갓	20g
배추	50g
대파 *흰 부분, 10cm 정도	1토막
당근(둥근 모양으로 지급)	60g
무	70g
판두부	50g
생표고버섯(20g)	1개
죽순	20g
진간장	30mL
식초	30mL
고춧가루(고운 것)	2g
실파(1뿌리)	20g

만드는 방법

❶ 냄비에 찬물 1컵과 다시마를 넣고 다시를 끓여낸다.

❷ 대합은 소금을 문질러 불순물을 깨끗이 제거한 뒤 소금물에 담가 해감 시킨다.

❸ 쑥갓은 물에 담구고, 무는 은행잎 모양 2개를 준비하고 남은 무는 강판에 갈아 고춧가루로 색을 낸다.

❹ 당근은 매화꽃 모양, 대파는 어슷하게 썰어 준비하고 두부는 4~5cm 길이의 직사각형으로 썬다.

❺ 표고버섯은 별 모양, 죽순은 편으로, 실파는 송송 썰고, 레몬은 반달 모양으로 3개 준비한다.

❻ 물이 끓으면 배추와 죽순의 굵은 부분부터 담가 데치고 은행 모양으로 썬 무, 매화꽃 모양 당근, 죽순, 쑥갓을 줄기부터 넣어 같이 데친다.

❼ 데친 배추는 데친 쑥갓줄기를 넣고 빽빽하게 김발로 말아서 사선으로 잘라 2개를 준비한다.

❽ 해감시킨 대합은 눈을 확실하게 제거하고, 입부분에 칼집을 살짝 넣어둔다.

❾ 배추말이, 무, 두부, 당근, 죽순, 표고버섯, 대합을 그릇에 담고(사라모리 さらもり), 다시마다시 2큰술, 청주 2큰술을 뿌려주고 냄비에서 15분 간 찐다.

❿ 찐 대합을 꺼내 입을 벌려 슬라이스한 레몬을 사이에 1개씩 끼우고 쑥갓과 함께 담아낸다.

⓫ 야꾸미와 폰즈(다시마다시 1큰술, 간장 1큰술, 식초 1큰술)를 같이 낸다.

30분

생선모둠회

刺し身盛り合わせ

さしみもりあわせ

요구사항

※ 주어진 재료를 사용하여 다음과 같이 생선모둠회를 만드시오.

가. 각 생선을 밑손질 하시오.
나. 무를 돌려깎기(가쯔라무끼) 한 후 가늘게 채 썰어 사용하시오.
다. 당근은 나비 모양, 오이는 왕관 모양으로 장식하여 내시오.

수험자 참고사항

1) 각 어류에 비린내가 나지 않도록 밑손질 한다.
2) 각종 채소류를 먹기 좋고, 보기 좋게 장식할 수 있도록 썬다.
3) 생선회를 규격에 알맞게 썬다.
4) 생선회 접시에 색상이 알맞도록 담는다.

지급재료목록

붉은색 참치살(아까미) 60g
광어 50g
*3×8cm 이상, 껍질 있는 것
도미살 50g
학꽁치 1/2마리
*꽁치, 전어 대체 가능
무 400g
*길이 7cm 이상, 둥근 모양으로 지급
당근(둥근 모양으로 지급) 60g
무순 5g
고추냉이(와사비분) 10g
오이 1/3개
*가늘고 곧은 것, 20cm 정도
레몬 1/8쪽
청차조기잎(시소) 4장
*깻잎으로 대체 가능, 깻잎 2장

만드는 방법

❶ 시소(깻잎)와 무순은 찬물에 담가둔다.
❷ 참치는 소금물에 씻은 후 면포에 감싸 놓는다.
❸ 무는 돌려 깎아 최대한 얇게 가늘게 채를 썰어 찬물에 담가둔다(가츠라무키 かつらむき).
❹ 당근은 나비 모양, 오이는 왕관 모양, 레몬은 반달 모양 2조각으로 만들고 와사비는 약간 되직하게 개어둔다.
❺ 도미는 껍질 쪽에 3쪽으로 잘라 사이사이에 레몬을 끼워 넣고, 광어는 얇게 3쪽, 참치는 약간 도톰하게 3쪽으로 잘라 놓는다.
❻ 학꽁치는 손질하여 나뭇잎 모양으로 만든다.
❼ 그릇에 가츠라무키를 둥글게 말아서 놓고 시소(깻잎)를 보기 좋게 올린다. 가운데에 참치를 놓고 도미와 광어를 양 옆으로 놓는다.
❽ 학꽁치는 보기 좋게 앞쪽으로 담아낸다.
❾ 왕관 모양 오이, 나비 모양 당근, 돌려깎기한 무를 무순과 함께 담고 와사비를 올려 담는다.

40분

모둠튀김

天麩羅の盛り合わせ
てんぷらのもりあわせ

요구사항

※ 주어진 재료를 사용하여 다음과 같이 모둠튀김을 만드시오.

가. 새우, 갑오징어, 학꽁치, 바다장어를 튀길 수 있도록 손질하시오.
나. 각 채소를 튀길 수 있는 크기로 써시오.
다. 새우는 구부러지지 않게 튀기시오.
라. 튀김소스(덴쯔유)와 양념(야꾸미)을 곁들여 내시오.

수험자 참고사항

1) 각 생선류를 밑손질하여 물기를 없앤다.
2) 채소류를 손질하여 자른 다음, 물에 씻어 물기를 없앤다.
3) 기름이 타지 않도록 하고 재료 특성에 맞게 튀겨낸다.

만드는 방법

❶ 냄비에 젖은 면포로 닦은 다시마를 찬물 1컵을 넣고 은근히 끓이다가 끓어오르면 다시마는 건져내고 불을 끈 다음 가쓰오부시를 넣고 10분 후 면포에 걸러 준비한다.

❷ 양파는 1cm 정도 두께로 썰어 꼬챙이로 고정시켜두고 청피망은 적당한 크기로 썰며 표고버섯은 별 모양을 낸다.

❸ 연근은 껍질을 벗겨 0.5cm 두께로 잘라 찬물에 담가두고 레몬은 반달, 실파는 송송 썰고 무는 강판에 갈아둔다.

❹ 갑오징어는 껍질을 벗겨 안쪽에 사선으로 칼집을 넣고, 새우는 이쑤시개로 내장을 제거하고 머리, 껍질을 제거한 다음 배쪽에 칼집을 넣어 힘줄을 제거한다.

❺ 학꽁치는 배를 갈라 내장을 제거하고 세장 뜨기 한 다음 겉껍질을 제거하고 먹기좋은 크기로 잘라둔다.

❻ 바다장어살도 먹기좋은 크기로 손질해둔다.

❼ 찬물에 달걀노른자를 풀어둔 다음 찬물과 동량인 밀가루를 넣고 살살 저어 튀김옷을 만든다(고로모 ころも).

❽ 각 재료는 물기를 깨끗이 제거한 후에 피망, 표고버섯은 안쪽에만 밀가루를 묻혀두고, 나머지 재료는 밀가루를 골고루 묻힌다.

❾ 예열한 기름에 채소를 먼저 튀기고, 그 다음 생선을 튀겨낸다.

❿ 튀기면서 꽃술을 뿌려서 재빨리 튀김재료에 꽃술이 달라붙도록 한다.

⓫ 가쓰오다시 3큰술, 간장 1큰술, 청주 1큰술, 설탕 1큰술(덴다시 てんだし)를 약간 데워서 야꾸미와 함께 낸다.

지급재료목록

재료	분량
새우(30~40g 정도)	2마리
갑오징어몸살(오징어 대체 가능)	40g
학꽁치(꽁치, 전어 대체 가능)	1/2마리
바다장어살	50g
양파(중, 150g 정도)	1/4개
청피망(중, 75g 정도)	1/6개
생표고버섯(20g)	1개
연근	30g
밀가루(박력분)	150g
달걀	1개
무	30g
통생강	20g
식용유	500mL
가다랑어포(가쓰오부시)	20g
청주	10mL
진간장	10mL
한지(25cm 사각, A4 용지 대체 가능)	2장
건다시마(5×10cm)	1장
흰설탕	20g
레몬	1/8개
실파(1뿌리)	20g
대꼬챙이(소, 10cm 이하)	2개
이쑤시개	1개

1

2

3

4

5

6

30분

소고기양념튀김

牛肉の空揚げ

ぎゅうにくのからあげ

요구사항

※ 주어진 재료를 사용하여 다음과 같이 소고기양념튀김을 만드시오.

가. 소고기를 결의 반대 방향으로 가늘게 채 써시오.
나. 소고기에 양념을 한 후 달걀과 밀가루, 전분을 넣어 섞으시오.
다. 양념한 재료는 조금씩 떼어 넣어 튀겨내시오(단, 손으로 동그랗게 모양을 만들어 튀기는 경우는 오작 처리).

수험자 참고사항

1) 장식품과 곁들일 재료를 준비한다.

지급재료목록

재료	분량
소고기(등심)	100g
실파(1뿌리)	20g
참기름	5mL
달걀	1개
마늘(중, 깐것)	1쪽
녹말가루(감자전분)	30g
밀가루(박력분)	30g
소금(정제염)	2g
당면	10g
파슬리(잎, 줄기 포함)	1줄기
레몬	1/4개
식용유	500mL
한지(25cm 사각, A4 용지 대체 가능)	2장
청주	5mL

만드는 방법

❶ 소고기는 결의 반대방향으로 가늘게 채 썰고, 파슬리는 찬물에 담가둔다.

❷ 실파는 푸른색 부분을 0.5cm 정도로 송송 썰어 준비하고 마늘은 잘게 다지거나 채썬다.

❸ 레몬은 웨지형이나 반달 모양으로 준비해둔다.

❹ 볼에 소고기, 청주, 실파, 마늘, 참기름, 달걀노른자, 소금을 약간 넣어 양념을 하고 전분과 밀가루를 1:1 분량으로 넣어 버무린다.

❺ 예열한 식용유에 당면을 튀겨내고, 기름의 온도를 낮추어 양념한 소고기를 떼어서 튀겨낸다.

❻ 지급된 종이로 형태를 만들어 접시에 깔고 그 위에 튀긴 당면을 둥글게 올리고, 튀긴 소고기를 담는다.

❼ 파슬리와 레몬을 올려 장식한다.

25분

튀김두부

揚げ出し豆腐

あげだしとうふ

요구사항

※ 주어진 재료를 사용하여 다음과 같이 튀김두부를 만드시오.

가. 가다랑어국물(가쓰오다시)을 뽑아서 튀김다시(덴다시)를 만드시오.
나. 연두부의 물기를 제거하고 4cm×5cm×4cm 정도로 썰어 튀기시오.
다. 무즙(오로시), 실파, 채 썬 김(하리노리)으로 양념(야꾸미)을 만드시오.
라. 튀김두부 3개를 그릇에 담고, 튀김다시(덴다시)에 무즙을 풀어 위에 끼얹으시오.
마. 고명(덴모리)으로 썬 실파와 채 썬 김을 올려 제출하시오.

수험자 참고사항

1) 가다랑어국물(가쓰오다시) 뽑기와 튀김온도에 유의한다.
2) 연두부의 형태를 잘 유지한다.
3) 고명을 만드는 방법에 유의한다.

지급재료목록

재료	분량
연두부(300g 정도)	1모
녹말가루(감자전분)	100g
실파(1뿌리)	20g
김	1/4장
무	100g
가다랑어포(가쓰오부시)	10g
건다시마(5×10cm)	1장
진간장	50mL
식용유	500mL
맛술(미림)	50mL

만드는 방법

❶ 냄비에 젖은 면포로 닦은 다시마와 찬물 2컵을 넣고 은근히 끓이다가 끓어오르면 다시마는 건져내고 불을 끈 다음 가쓰오부시를 넣고 10분 후 면포에 걸러 준비한다.

❷ 냄비에 가쓰오다시 5큰술, 간장 1큰술, 맛술 1큰술을 넣어 살짝 끓여 식힌다(덴다시 てんだし).

❸ 무는 강판에 갈아 찬물에 헹구어 준비하고(오로시 おろし), 실파는 푸른 부분만 송송 썬다(야꾸미 やくみ).

❹ 김은 구워서 곱게 채를 썬다(하리노리 はりのり).

❺ 두부는 4cm×5cm×4cm 정도로 잘라 3등분하여 면포에 물기를 제거한다.

❻ 접시에 전분가루를 넓게 펴서 물기 뺀 연두부를 튀기기 직전에 골고루 묻힌 다음 색이 나지 않게 튀겨낸다.

❼ 접시에 튀긴 연두부를 담고 무즙을 풀어준 덴다시를 끼얹고 실파와 구운 김을 올려 담는다.

제4장

복어 편

복어 손질법
공통 요구사항 및 수험자 유의사항
복어부위감별
복어회
복어껍질초회
복어죽(조우스이)
복어맑은탕
복껍질군힘(니코고리)
복튀김
복어초무침

복어 손질법(ふぐの卸し方)

복어 손질 방법

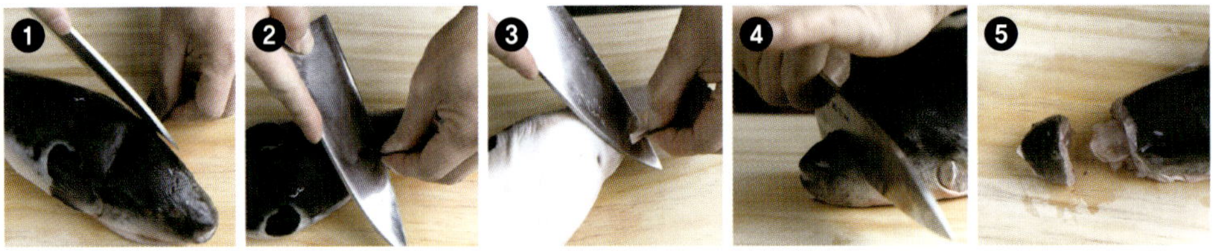

1) 머리는 왼쪽으로 놓고 꼬리지느러미를 제외한 등지느러미, 배지느러미, 좌우지느러미를 자른다. ❶~❸
2) 머리를 오른쪽으로 놓고 코의 숨구멍 부분에 칼을 넣어 주둥이를 절반 정도 잘라낸다. ❹
3) 복어의 혀가 잘리지 않도록 주의하며 주둥이를 완전히 떼어낸다. ❺

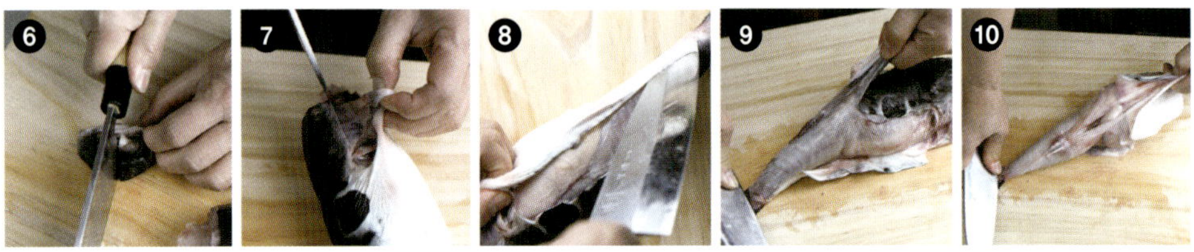

4) 복어의 주둥이를 세로로 하여 주둥이 부분의 입 끝 이빨 중앙 부분에 칼을 넣어 분리한다. ❻
5) 머리를 몸 쪽으로 놓고, 눈 옆으로 칼을 넣어 껍질을 따라 칼집을 낸다. ❼~❽
6) 꼬리 부분에 붙어있는 껍질을 살짝 떼어낸 다음 칼로 꼬리지느러미를 잡고 왼손으로 껍질을 당겨 분리한다. ❾~❿

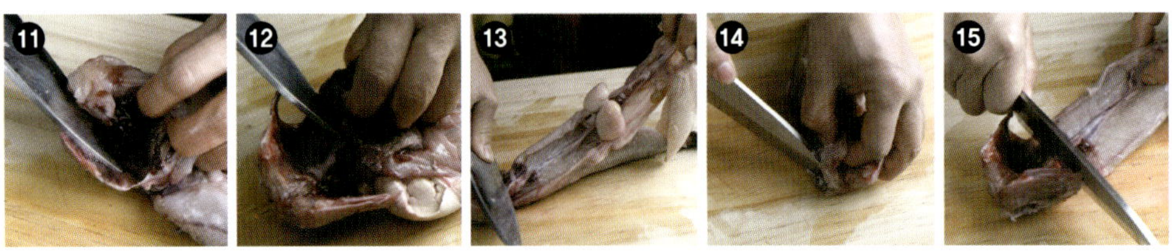

7) 배를 위로 하고 왼손으로 아가미 부분을 잡고 아가미 쪽이 붙어있는 부분을 잘라낸다. ⓫~⓬
8) 칼로 목 부분을 누르고 왼손으로 아가미 부분을 잡고 항문까지 잡아당겨 내장과 몸통을 분리한다. ⓭
9) 눈알을 칼로 원을 그리듯이 하여 도려낸다. ⓮
10) 몸통에 붙어있는 머리를 잘라낸다. ⓯

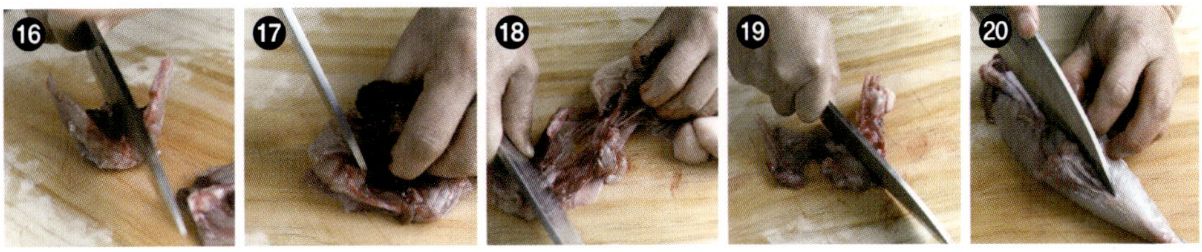

11) 머리를 반으로 자른다. ⑯

12) 내장과 붙어 있는 아가미를 떼어내고 남아있는 갈비뼈에 칼을 넣어 양 옆으로 벌린다. ⑰

13) 벌려놓은 갈비뼈를 칼로 밀면서 내장과 갈비뼈 부분을 분리한다. ⑱

14) 혀를 반으로 자른다. ⑲

15) 몸통에 붙어있는 배꼽 살을 넣어 떼어낸다. ⑳

16) 배꼽살은 반으로 갈라 막을 제거한다. ㉑~㉒

17) 머리 쪽에서부터 꼬리 쪽으로 칼을 넣어 살을 분리한다. ㉓

18) 반대편도 같은 방법으로 포를 뜬다. ㉔

19) 복어의 살과 뼈를 3장 뜨기 한 상태이다. ㉕

20) 등쪽의 막을 제거하기 위해 얇게 포를 뜨고 옆선을 다듬는다. ㉖

21) 손질된 살은 마른 면포에 싸서 보관한다. ㉗

22) 뼈는 4~5cm 정도로 자른다. ㉘

23) 처음 분리한 껍질을 칼로 긁어 속껍질과 겉껍질로 분리한다. ㉙~㉚

24) 겉껍질을 도마에 고르게 밀착시켜 펴놓고 사시미 칼을 이용하여 가시부분을 제거한다. ㉛~㉜

공통 요구사항

※ 시험시간: 56분(1과제: 복어부위감별 1분, 2과제: 조리작업 55분)

※ 위생과 안전에 유의하고, 지급된 재료 및 시설을 이용하여 아래 작업을 완성하시오.

가. [1과제] 제시된 복어 부위별 사진을 보고 1분 이내에 **부위별 명칭**을 답안지의 네모칸안에 작성하여 제출하시오.

나. [2과제] 소제와 제독작업을 철저히 하여 **복어회, 복어껍질초회, 복어죽**을 만드시오.

1) 복어의 겉껍질과 속껍질을 분리하여 손질하고 가시는 제거하시오.
2) 회는 얇게 포를 떠 국화꽃 모양으로 돌려 담고, 지느러미 · 껍질 · 미나리를 곁들이고, 초간장(폰즈)과 양념(야쿠미)을 따로 담아내시오.
3) 복어껍질초회는 껍질, 미나리를 4cm 길이로 썰어 폰즈, 실파 · 빨간무즙(모미지오로시)을 사용하여 무쳐내시오.
4) 죽은 밥을 씻어 사용하고, 살은 가늘게 채 썰거나 뼈에 붙은 살을 발라내어 사용하고, 당근 · 표고버섯은 다지고, 뼈와 다시마로 다시를 만들고, 달걀은 완성 전에 넣어 섞어주고, 실파와 채 썬 김을 얹어 완성하시오.

수험자 유의사항

1) 만드는 순서에 유의하며, 위생과 숙련된 기능평가를 위하여 조리작업 시 맛을 보지 않습니다.
2) 지정된 수험자지참준비물 이외의 조리기구나 재료를 시험장내에 지참할 수 없습니다.
3) 지급재료는 시험 전 확인하여 이상이 있을 경우 시험위원으로부터 조치를 받고 시험 중에는재료의 교환 및 추가지급은 하지 않습니다.
4) 요구사항 및 지급재료의 규격은"정도"의 의미를 포함하며, 재료의 크기에 따라 가감하여 채점됩니다.
5) 위생복, 위생모, 앞치마, 마스크를 착용하여야 하며, 시험장비 · 조리기구 취급 등 안전에 유의합니다.
6) 다음 사항은 실격에 해당하여 채점 대상에서 제외됩니다.
   가) 수험자 본인이 시험 도중 시험에 대한 포기 의사를 표현하는 경우
   나) 위생복, 위생모, 앞치마, 마스크를 착용하지 않은 경우
   다) 시험시간 내에 과제 세 가지를 제출하지 못한 경우
   라) 독제거 작업과 작업 후 안전처리가 완전하지 않은 경우
   마) 완성품을 요구사항의 과제(요리)가 아닌 다른 요리(예, 복어회→복어초밥)로 만든 경우
   바) 불을 사용하여 만든 조리작품이 작품특성에 벗어나는 정도로 타거나 익지 않은 경우
   사) 지정된 수험자지참준비물 이외의 조리기술에 영향을 줄 수 있는 기구를 사용한 경우
   아) 가스레인지 화구 2개 이상(2개 포함) 사용한 경우
   자) 시험 중 시설 · 장비(칼, 가스레인지 등) 사용 시 시험위원 및 타수험자의 시험 진행에 위해를 일으킬 것으로 시험위원 전원이 합의하여 판단한 경우
   차) 부정행위에 해당하는 경우
7) 항목별 배점은 위생상태및안전관리 10점, 복어부위감별 5점, 조리기술 70점, 작품의 평가 15점입니다.
8) 제1과제 복어부위감별 작성시 비번호 및 답안작성은 검은색 필기구만 사용하여야 하며, 그 외 연필류, 유색 필기구, 지워지는 펜 등의 필기구를 사용하여 작성할 경우 0점 처리되오니 불이익을 당하지 않도록 유의해 주시기 바라며, 답안 정정 시에는 정정하고자 하는 단어에 두 줄(=)을 긋고 다시 작성하거나 수정테이프(수정액 제외)를 사용하여 정정하시기 바랍니다.
9) 시험시작 전 가벼운 몸 풀기(스트레칭) 동작으로 긴장을 풀고 시험을 시작합니다.

※ 지급재료목록

재료명	규격	재료명	규격
복어(700g)	1마리	달걀	1개
무	100g	레몬	1/6쪽
생표고버섯(중)	1개	진간장	30mL
당근(곧은 것)	50g	건다시마(5x10cm)	2장
미나리(줄기부분)	30g	소금(정제염)	10g
실파(쪽파 대체가능, 2줄기)	30g	고춧가루(고운 것)	5g
밥(햇반 또는 찬밥)	100g	식초	30mL
김	1/4장		

복어부위 감별

[1과제] 제시된 복어 부위별 사진을 보고 1분 이내에 **부위별 명칭**을 답안지의 네모칸안에 작성하여 제출하시오.

정답: ① 안구 ② 아가미 ③ 심장(아가미 뒷쪽에 붙어 있음) ④ 신장 ⑤ 부레 ⑥ 비장 ⑦ 간장 ⑧ 위장 ⑨ 담낭 ⑩ 방광 ⑪ 정소/난소

복어회

ふぐさしみ

요구사항

※ 주어진 재료를 사용하여 다음과 같이 복어회를 만드시오.

가. 복의 겉껍질과 속껍질을 분리하여 손질하고, 가시를 제거하시오.
나. 회는 얇게 포를 떠 국화꽃 모양으로 돌려 담고, 지느러미·껍질·미나리를 곁들이고, 초간장(폰즈)과 양념(야쿠미)을 따로 담아내시오.

수험자 참고사항

1) 독성분 제거, 껍질처리 등 복어의 손질에 유의한다.
2) 복어회의 포뜨기에 유의한다.
3) 곁들이는 폰즈쇼우와 야꾸미 만드는데 유의한다.

복어편

지급재료목록

복어(700g)	1마리
무	50g
미나리(줄기 부분)	10g
실파(쪽파 대체 가능, 1줄기)	10g
레몬	1/8개
진간장	15mL
건다시마(5×10cm)	1장
소금(정제염)	5g
고춧가루(고운 것)	2g
식초	15mL

만드는 방법

❶ 복어를 손질한다.

참조 복어 손질 방법: 지느러미 제거→주둥이 자르기→껍질 분리→협골→아가미와 내장 분리→눈알떼기→머리 자르기→배꼽 살 떼어내기→세장 뜨기→남은 식용 가능한 부위 손질하기

❷ 손질한 복어 살은 배쪽과 등쪽의 질긴 속껍질 부분을 최대한 얇게 벗겨낸 후 연한 소금물에 담가두었다가 면포에 감싸서 수분을 제거한다.

❸ 지느러미는 소금에 문질러 씻고 물기를 제거하여 접시에 펼쳐 말린다.

❹ 다시마는 젖은 면포로 닦아 냄비에 찬물 1컵과 함께 넣고 중불로 가열하여 끓으면 불을 끄고 다시마를 건져내 다시마다시를 만든다.

❺ 껍질은 겉껍질과 속껍질을 분리하여 붙어있는 가시를 제거한다.

❻ 냄비에 물을 끓여 손질한 껍질과 배쪽과 등쪽의 질긴 속껍질을 데친 후 찬물에 씻어 물기를 제거한 다음 4cm 길이로 채 썬다.

❼ 미나리는 길이 4cm로 잘라 두고, 실파는 송송 썬다. 레몬은 반달 모양, 무는 강판에 갈아 찬물에 씻어 주고 물기를 제거한 다음 고춧가루로 색을 내서 빨간 무즙(모미지오로시)을 만든다.

❽ 간장 1큰술, 식초 1큰술, 다시마다시 1큰술로 초간장(폰즈)를 만든다.

❾ 복어 살을 얇게 포를 떠 국화꽃 모양으로 돌려 담고, 말린 지느러미, 채 썬 껍질, 배와 등쪽 속껍질, 미나리, 레몬을 모양내어 담은 다음, 초간장(폰즈), 양념(야쿠미)을 곁들인다.

ふぐかわのすのもの

복어껍질초회

요구사항

※ 주어진 재료를 사용하여 다음과 같이 복어껍질초회를 만드시오.

가. 복어의 겉껍질과 속껍질을 분리하여 손질하고 가시는 제거하시오.
나. 복어껍질초회는 껍질, 미나리를 4cm 길이로 썰어 폰즈, 실파 · 빨간 무즙(모미지오로시)을 사용하여 무쳐내시오.

수험자 참고사항

1) 껍질 두꺼운 쪽을 먼저 데쳐주며, 껍질이 투명해질 때까지 데쳐준다.(두꺼운 쪽이 불투명하면 덜 익음 판정)

지급재료목록

복어 겉, 속껍질 1/2마리
무 50g
미나리(줄기 부분) 10g
실파(쪽파 대체 가능, 1줄기) 10g
레몬 1/8개
진간장 15mL
건다시마(5×10cm) 1장
소금(정제염) 3g
고춧가루(고운 것) 2g
식초 15mL

만드는 방법

❶ 겉, 속껍질은 끓는 물에 삶았다가 즉시 찬물에 식힌 다음 물기를 제거하고 4cm 크기로 채 썬다.

❷ 다시마는 젖은 면포로 닦아 냄비에 찬물 1컵과 함께 넣고 중불로 가열하여 끓으면 불을 끄고 다시마를 건져내 다시마다시를 만든다.

❸ 미나리는 길이 4cm로 잘라 두고, 실파는 송송 썬다. 레몬은 반달 모양, 무는 강판에 갈아 찬물에 씻어 주고 물기를 제거한 다음 고춧가루로 색을 내서 빨간 무즙(모미지오로시)을 만든다.

❹ 간장 1큰술, 식초 1큰술, 다시마다시 1큰술로 초간장(폰즈)를 만든다.

❺ 볼에 초간장(폰즈)을 담고 빨간 무즙(모미지오로시)를 적당량을 섞어주고 채 썬 복어껍질과 미나리, 실파를 넣어 골고루 잘 섞어 초회를 만든다.

❻ 완성 접시에 담고 반달 모양의 레몬으로 장식한다.

기능사 기능장

복어죽 조우스이

ふぐぞうすい

요구사항

※ 주어진 재료를 사용하여 다음과 같이 복어죽(조우스이)을 만드시오.

가. 복어의 겉껍질과 속껍질을 분리하여 손질하고 가시는 제거하시오.

나. 죽은 밥을 씻어 사용하고, 살은 가늘게 채 썰거나 뼈에 붙은 살을 발라내어 사용하고, 당근 · 표고버섯은 다지고, 뼈와 다시마로 다시를 만들고, 달걀은 완성 전에 넣어 섞어주고, 실파와 채 썬 김을 얹어 완성하시오.

수험자 참고사항

1) 만드는 방법 ❺, ❻, ❼의 순서에 유의한다.

지급재료목록

복어살 자투리(회 뜨고 남은 살)...20g
복어 머리뼈, 몸통뼈, 갈빗살...1/2개
생표고버섯(중)...1개
당근(곧은 것)...50g
실파(쪽파 대체 가능, 1줄기)......10g
밥(햇반 또는 찬밥)...100g
김...1/4장
달걀...1개
건다시마(5×10cm)...1장

만드는 방법

❶ 다시마는 젖은 면포로 닦아 찬물 3컵과 복어 머리뼈, 몸통뼈, 갈빗살을 넣고 끓어오르면 다시마를 건져내고 약한 불로 5~10분 정도 끓여 낸다.

❷ 표고버섯과 당근은 다지고 실파는 송송 썰어 준비한다. 김은 불에 구워 잘게 채 썬다.

❸ 복어살 자투리(회 뜨고 남은 살)는 채 썰어 준비하고 데친 복어 머리뼈, 몸통뼈, 갈빗살은 살만 발라 놓는다.

❹ 밥(햇반)은 찬물에 씻어 사용하고 달걀은 노른자만 분리하여 풀어놓는다.

❺ 냄비에 육수를 붓고 씻은 밥을 넣고 끓이다가 끓어오르면 중불로 줄이고 다진 표고버섯, 발라낸 살, 복어살 자투리와 함께 끓인다.

❻ 밥이 충분히 호화될 때까지 끓이다가 당근을 넣어 끓여주고 실파, 달걀 노른자를 넣고 섞어 그릇에 담는다.

❼ 완성된 죽에 채 썬 김을 올려 낸다.

산업기사 기능장

복어맑은탕

ふぐちり

수험자 참고사항

1) 독성분 제거, 껍질처리 등 복어의 손질에 유의한다.
2) 복어회의 포뜨기에 유의한다.
3) 곁들이는 폰즈쇼우와 야꾸미 만드는데 유의한다.

만드는 방법

❶ 다시마는 젖은 면포로 닦은 후 찬물 2컵을 넣고 은근히 끓어오르면 다시마는 건지고 가쓰오부시를 넣어 10분간 두었다가 거른다.

❷ 복어회를 뜨고 남은 뼈와 살을 깨끗이 손질하여 5cm 길이로 잘라 끓는 물에 데쳐둔다.

❸ 당근은 매화 모양, 무는 은행잎 모양으로 만들고, 실파는 송송 썰어서 찬물에 담가둔다.

❹ 끓는 물에 당근, 무, 배추를 데쳐서 찬물에 담가 둔다.

❺ 데친 배추는 김발로 말아두고 무는 강판에 갈아서 고운 고춧가루에 무쳐두고(모미지오로시 もみじおろし), 다시마다시와 간장, 식초로 폰즈를 만든다.

❻ 표고버섯은 별 모양을 내고, 두부는 2~3 토막을 낸다. 대파는 어슷하게 썰어 준비한다.

❼ 떡은 석쇠나 쇠꼬챙이를 이용하여 노릇하게 굽는다.

❽ 냄비에 재료를 보기 좋게 담고 다시마다시를 부어 끓이다 청주 1큰술을 넣고 미나리와 팽이버섯을 올려 완성한 후 폰즈와 야꾸미를 곁들여 낸다.

지급재료목록

재료	분량
복어(1kg, 시험 전까지 해동하여 지급)	1마리
배추	150g
대파(흰 부분, 4cm 정도)	1토막
가다랑어포(가쓰오부시)	5g
두부	70g
무	200g
생표고버섯(중)	1개
실파(10g 정도)	1뿌리
고운 고춧가루	5g
레몬	1/8개
식초	30mL
진간장	30mL
건다시마	10g
청주	20mL
미나리	15g
팽이버섯	1/3봉
당근	80g
찹쌀떡(복떡, 가래떡 대체 가능)	30g
청차조기잎(시소, 깻잎 대체 가능)	1장

산업기사 기능장

ふぐのにこごり

복껍질굳힘

니코고리

만드는 방법

❶ 다시마는 손질한 후 찬물에 끓여 다시를 준비한다.

❷ 손질한 복어껍질은 데친 다음 채를 썬다.

❸ 젤라틴은 미지근한 물에 불려둔다.

❹ 생강은 채를 썰어 찬물에 헹구고, 실파는 송송 썰어 찬물에 헹군다.

❺ 냄비에 다시 50cc와 채 썬 복어껍질을 넣고 끓이다가 젤라틴을 넣고 끓인다.

❻ 실파와 생강채를 넣고, 간장으로 색을 맞춘다.

❼ 틀에 부어 냉장고에 넣어 굳힌 다음 알맞은 크기로 썬다.

지급재료목록

복어 겉, 속껍질 1/2마리
가다랑어포(가쓰오부시) 5g
실파(10g 정도) 1뿌리
진간장 5g
건다시마 5g
청주 10mL
맛술(미림) 10mL
젤라틴 10g
생강 20g

복튀김

ふぐのからあげ

만드는 방법

❶ 복어의 살을 도톰하게 썰어 간장, 소금을 넣어 양념한다.

❷ ❶의 복어 살에 달걀, 밀가루, 녹말가루를 넣고 고루 섞어 반죽한다.

❸ 기름의 온도가 170℃ 정도 되면 ❷의 재료를 넣어 튀겨낸다.

지급재료목록

복어 살	150g
달걀	1개
간장	5g
소금	약간
밀가루	30g
녹말가루	30g
식용유	500mL

ふぐのあえもの

복어초무침

만드는 방법

❶ 다시마는 손질한 후 찬물에 끓여 다시를 준비한다.

❷ 복어 껍질은 속껍질을 제거하고 겉껍질의 가시를 손질한다.

❸ 복어 껍질은 끓는 물에 삶아서 잘 헹구어 물기를 뺀 다음 채를 썬다.

❹ 미나리는 4~5cm 길이로 썰고 무는 강판에 갈아 고춧가루로 색을 입힌다.

❺ 폰즈(다시1 : 간장1 : 식초1)를 만들고 ❸, ❹의 재료를 넣어 가볍게 무쳐 담는다.

지급재료목록

복어 껍질 .... 50~100g
미나리 30g
무 100g
간장 15g
식초 15g
다시마 1장

일식조리 용어

あ

아가리(上り, あがり) 갓 끓인 차
아게다시도후(揚げ出し豆腐, あげだしとうふ) 두부를 자르고 전분을 묻혀 튀겨낸 요리
아게모노(揚げ物, あげもの) 튀김요리
아나고(穴子, あなご) 붕장어
아라(粗, あら) 생선을 포 뜨고 남은 머리나 뼈
아라이(洗い, あらい) 얼음물에 씻어 오돌오돌하게 만든 생선회
아마다이(甘鯛, あまだい) 옥돔
아메(飴, あめ) 물엿
아부라(油, あぶら) 기름
아부라누끼(油抜き, あぶらぬき) 튀긴 재료를 뜨거운 물에 씻어 기름을 제거하는 것
아시라이(あしらい) 곁들이는 음식
아이모노(相物 · 間物 · 合物, あいもの) 소금에 절인 생선
아에모노(和え物, あえもの) 무침요리
아오요세(青寄せ, あおよせ) 시금치를 절구나 믹서에 갈아 가는 체에 거른 물을 냄비에 넣고 약한 불로 끓여 위에 떠오르는 것
아유(鮎, あゆ) 은어
아와비(鮑, あわび) 전복
아지(鯵, あじ) 전갱이
아지즈케(味付け, あじつけ) 간을 맞추기 위해 조미하는 것
아카다시(赤出汁, あかだし) 붉은 된장국
아카미(赤身, あかみ) 기름기가 적은 참치의 살
아카미소(赤みそ, あかみそ) 적갈색의 된장

い

이가이(貽貝, いがい) 홍합
이나(鯔, いな) 숭어의 새끼
이나리즈시(稲荷鮨, いなりずし) 유부초밥
이사바(五十集, いさば) 어시장
이시다이(石鯛, いしだい) 돌돔
이세에비(伊勢蝦, いせえび) 바닷가재
이이다코(飯蛸, いいだこ) 꼴뚜기
이와시(鰯, いわし) 정어리
이자카야(居酒屋, いざかや) 일본의 선술집
이카(烏賊, いか) 오징어
이타마에(板前, いたまえ) 주방, 조리장
이토즈쿠리(糸作り, いとづくり) 오징어 · 학꽁치 따위의 살을 실같이 썰어 만든 회나 초회

う

우나기(鰻, うなぎ) 뱀장어
우니(海胆, うに) 성게알
우도(独活, うど) 땅두릅
우라고시(裏漉し, うらごし) 가는 체
우마니(甘旨煮, うまに) 고기, 채소, 어패류를 달게 조린 요리
우메보시(梅干し, うめぼし) 매실장아찌
우스즈쿠리(薄作り, うすづくり) 생선살을 얇게 써는 것
우쯔보(鱓, うつぼ) 곰치

え

에노키타케(えのき茸, えのきたけ) 팽이버섯
에라(鰓, えら) 아가미
에비(蝦 · 海老, えび) 새우
에이(鱏, えい) 가오리
엔가와(縁側, えんがわ) 지느러미 근처의 살과 아가미 근처의 살
엔도우(豌豆, えんどう) 완두콩

お

오도리쿠시(踊り串, おどりくし) 춤 꼬치로 돔이나 은어 등을 통째로 멋있게 구울 때 꼬챙이를 끼우는 방법
오로시가네(卸し金, おろしがね) 강판
오세치요리(御節料理, おせちりょうり) 정월이나 명절 등에 사용하는 특별한 요리
오이마와시(おいまわし) 일본 식당에서 수습 내지 잡일을 하는 사람
오야코돈부리(親子丼, おやこどんぶり) 닭고기달걀덮밥

오차쯔키(お座付, おざつき) 앉은 좌석으로 즉시 서비스 되는 요리

오차즈케(お茶漬け, おちゃづけ) 밥에 뜨거운 차를 부어 먹는 음식

오코노미야끼(お好み焼き, おこのみやき) 밀가루 반죽에 양배추 등의 채소와 해산물을 넣어 부친 음식

오토로(おとろ) 참치 뱃살

か

카나구시(金串, かなぐし) 쇠꼬챙이

카니쇼유즈케(蟹しょうゆづけ, かにしょうゆづけ) 게장

카라스미(鱲子, からすみ) 숭어나 농어의 난소로서 일본의 3대 진미 중의 하나임

카라아게(空揚げ, からあげ) 소고기, 닭고기 등에 양념을 하여 밀가루나 전분가루를 묻혀 튀겨낸 요리

카마보코(蒲鉾, かまぼこ) 생선살을 갈아 조미료를 첨가해 찌거나 구운 어묵

카바야키(蒲焼き, かばやき) 뱀장어, 갯장어 따위의 등을 갈라 뼈를 바르고 토막 쳐서 데리(照り)양념을 발라 꼬챙이에 꿰어 구운 음식

카부(蕪, かぶ) 순무

카시(菓子, かし) 과자

가쓰오부시(鰹節, かつおぶし) 가다랑어를 찐 후 말려 대패로 민 것

카이세끼요리(会席料理, かいせきりょうり) 연회용 코스요리

카이세키요리(懐石料理, かいせきりょうり) 차를 마시며 간단하게 먹는 요리

카이와레나(貝割れ菜, かいわれな) 무순

카즈노코(數の子, かずのこ) 소금에 절이거나 말린 청어알

카키아게(掻き揚げ, かきあげ) 튀김요리의 한 가지. 잘게 썬 채소, 오징어 등을 밀가루에 버무려 튀긴 요리

칸뾰(乾瓢, かんぴょう) 박고지

칸뾰마키(干瓢巻き, かんぴょうまき) 조려낸 박고지를 넣어 만든 김밥

칸로니(甘露煮, かんろに) 설탕과 미림으로 단맛을 강하게 들인 조림요리

칸텐(寒天, かんてん) 한천

갓파마키(河童巻き, かっぱまき) 가늘게 썬 오이를 넣어 만든 김밥

き

키노메(木の芽, きのめ) 산초나무의 잎

키미(黄身, きみ) 난황

키쿠라게(木耳, きくらげ) 목이버섯

킨피라고보우(金平牛蒡, きんぴらごぼう) 우엉을 잘게 썰어 기름에 볶고 간장 등으로 조미한 요리

큐리(胡瓜, きゅうり) 오이

규니쿠(牛肉,ぎゅうにく) 소고기

규돈(牛どん · 牛丼, ぎゅうどん) 소고기덮밥

く

쿠다모노(果物, くだもの) 과일

쿠라게(水母, くらげ) 해파리

쿠리메시(栗飯, くりめし) 밤밥

쿠시야끼(串焼き, くしやき) 꼬챙이에 꿰어 굽는 요리

쿠즈(葛, くず) 칡

구자이(具材, ぐざい) 요리의 건더기에 쓰이는 식재료

け

코이(鯉, こい) 잉어

켄친(巻繊, けんちん) 무, 당근, 우엉 등을 채 썰어 으깬 두부와 함께 볶아 조미한 음식

게소(げそ) 삶은 오징어다리

겐마이(玄米, げんまい) 현미

こ

코우노모노(香の物, こうのもの) 채소를 소금이나 겨에 절인 일본식 김치

코노와타(海鼠腸, このわた) 해삼창자젓

코로모(衣, ころも) 튀김옷으로 달걀노른자와 얼음물에 밀가루를 섞어 만드는 것

코모치(子持ち, こもち) 알밴 생선

코바치(小鉢, こばち) 카이세키요리에서 제공하는 음식으로 무침이나 초회가 있다.

콘다테(献立, こんだて) 메뉴표. 즉, 차림표를 뜻한다.

콘부(昆布, こんぶ) 다시마

콘부다시(昆布だし, こんぶだし) 다시마로 우려낸 국물

さ

사라모리(皿盛り, さらもり) 밥 · 채소 · 생선 따위를 접시에 담는 것

사바(鯖, さば) 고등어

사사가끼(笹掻, ささがき) 우엉, 당근 등을 얇게 깎은 것으로 연필을 깎듯이 깎는 방법

사요리(細魚, さより) 학꽁치

사자에(栄螺, さざえ) 참소라

사카무시(酒蒸し, さかむし) 소금으로 간한 술을 어패류에 뿌려서 채소와 함께 찐 요리

산마이오로시(三枚卸, さんまいおろし) 생선살을 뜨는 방법으로 뼈와 두 조각의 살로 포를 뜨는 작업으로 세장 뜨기를 말한다.

사와라(鰆, さわら) 삼치

자루소바(笊蕎麦, ざるそば) 네모진 어레미나 대발에 담은 메밀국수

し

시노다마키(信田巻き, しのだまき) 유부 주머니에 고사리, 땅두릅, 두부 등을 넣어 박고지로 묶고 달짝지근하게 익힌 요리

시라아에(白和え, しらあえ) 두부초로 흰 참깨, 두부, 흰 된장을 으깨어 곤약과 채소 등을 버무린 요리

시라코(白子, しらこ) 복, 대구의 이리와 고니

시라니(白煮, しらに) 흰살 생선 찜, 소금만으로 삶거나 끓이는 요리

시로미소(白味噌, しろみそ) 단맛이 있는 흰 된장

시루모노(汁物, しるもの) 국물요리

시모후리(霜降り, しもふり) 생선 등을 뜨거운 물에 살짝 데쳐 찬물에 담가 씻어내는 것을 말한다.

시오야키(塩焼, しおやき) 소금구이

시치미(七味, しちみ) 일곱 가지의 맛과 색깔을 내는 향신료

사사나미(小波, ささなみ) 잔물결

신(眞, しん) 일본 식당의 주방장

쟈바라(蛇腹, じゃばら) 사진기 · 아코디언의 주름상자, 접등(摺燈)의 접는 부분

す

스노모노(酢の物, すのもの) 초회요리

스다코(酢蛸, すだこ) 삶은 문어를 잘게 썰어 식초에 담근 것

스시야(寿司屋, すしや) 초밥 가게

스아게(素揚げ, すあげ) 채소 등에 가루나 반죽을 입히지 않고 그냥 바로 튀기는 요리

스이모노(吸い物, すいもの) 맑은 장국

스이리(酢煎り, すいり) 기름기 많은 생선을 조릴 때 초를 쳐서 비린내를 없애는 것

스이쿠치(吸い口, すいくち) 국에 향기를 곁들이는 재료로 산초, 유자 껍질 등이 있다.

스지코(筋子, すじこ) 연어, 송어 등의 알을 난소 막에 싸인 상태로 소금에 절인 알 젓

스즈케(酢漬け, すづけ) 식초에 절임

스키야키(鋤焼き, すきやき) 소고기, 닭고기 등을 두부, 배추 등과 함께 국물을 조금 부어 끓이면서 먹는 요리

せ

세리(芹, セリ) 미나리

세이로(蒸籠, せいろ) 나무찜통

센차(煎茶, せん茶) 달인 차

젠사이(前菜, ぜんさい) 식욕을 돋우기 위하여 식전에 먹는 음료나 요리

そ

소라마메(蚕豆, そらまめ) 잠두콩

소바(蕎麦, そば) 메밀국수

소바다시(蕎麦出汁, そばだし) 메밀국수를 담가 먹는 국물요리

쇼진요리(精進料理, しょうじんりょうり) 사찰요리

た

타코(たこ) 문어

타라코(鱈子, たらこ) 대구알

타마고도후(卵豆腐, たまごどうふ) 달걀과 다시물을 섞어 찜통에 넣어 찐 달걀요리

타마고자케(玉子酒, たまござけ) 달걀주

타이(鯛, たい) 도미

타이지리(鯛ちり, たいちり) 도미를 재료로 한 냄비요리

타케노코(筍, たけのこ) 죽순

타타키(敲き, たたき) 재료를 다지거나 생선을 겉만 구워낸 회

다시(出汁, だし) 가다랑어포, 다시마, 멸치 등을 삶아서 우려낸 국물

다시마끼(出し巻き, だしまき) 달걀말이

다시카게(出汁掛, だしかげ) 국물이나 소스류를 음식 위에 부어 내는 요리

다테마키(伊達巻, だてまき) 흰살 생선이나 새우살을 갈아 두껍게 부친 달걀말이

ち

치누(茅渟, ちぬ) 감성돔

치라시즈시(散らし鮨, ちらしずし) 생선, 달걀부침이나 양념한 채소 등 고명을 얹은 초밥

치샤(萵苣, ちしゃ) 상추

차완(茶碗, ちゃわん) 차, 국, 밥 등을 담아내는 자기 그릇

차완무시(茶碗蒸し, ちゃわんむし) 달걀찜

つ

츠마(妻, つま) 주로 사시미와 같이 곁들이는 채소 등의 부재료

츠메(詰め, つめ) 미림, 간장, 설탕 등을 넣고 졸여서 만든 걸쭉한 양념장

츠보야키(壺焼き, つぼやき) 소라를 썰어서 양념한 다음 소라 껍데기에 넣어 구운 요리

츠유(汁, つゆ) 맑은 장국

츠키다시(突き出し, つきだし) 술안주로 처음에 내는 요리

츠케모노(漬物, つけもの) 채소를 절임한 일본의 저장음식

츠쿠네아게(捏ね揚げ, つくねあげ) 다진 어육이나 닭고기 등에 달걀, 얼레짓가루를 묻히고, 둥글게 빚어서 기름에 튀긴 요리

て

데리(照り, てり) 간장과 미림이나 청주 등의 술, 마늘 다진 것 등을 섞어 만든 양념

데리고마메(照り鱓, てりごまめ) 멸치를 설탕과 간장에 버무려서 볶은 요리

데리야끼(照り焼き, てりやき) 생선, 고기 등의 양념구이

덴가쿠도후(田楽豆腐, でんがくどうふ) 꼬치두부에 된장을 발라 구운 음식

덴돈(天丼, てんどん) 튀김덮밥

덴모리(天盛り, てんもり) 초절임, 무침요리, 조림 등을 수북이 담은 후 그 위에 재료를 올려 향기와 맛을 더하는 것

덴쯔유(天汁) 덴뿌라(てんぷら, 튀김)를 찍어 먹는 간장

と

토우끼비(唐黍, とうきび) 옥수수

토리(鶏, とり) 닭

토로(とろ) 생선의 지방이 붙어 있는 뱃살 부분

토후(豆腐, とうふ) 두부

도나베(土鍋, どなべ) 질냄비

도빙무시(土瓶蒸し, どびんむし) 채소, 송이, 생선, 닭고기 등을 질주전자에 넣어 찐 요리

돈부리(丼, どんぶり) 덮밥요리

な

나라즈케(奈良漬, ならづけ) 술지게미에 무 등의 채소를 절인 것, 나라(奈良)에서 맨처음 만들었다고 함.

나레즈시(熟れ鮨, なれずし) 식초를 쓰지 않고, 자연발효에 의해 신맛을 낸 초밥

나베모노(鍋物, なべもの) 냄비요리

나베야끼(鍋焼き, なべやき) 생선, 닭고기, 채소 등을 냄비에 넣고 끓여 먹는 요리

나베야끼우동(鍋焼饂飩, なべやきうどん) 냄비우동으로 닭고기, 채소류를 넣고 끓인 요리

나츠메(棗, なつめ) 대추

낫토(納豆, なっとう) 콩을 삶아 숙성시켜 만든 발효식품

난반니(南蛮煮, なんばんに) 생선 또는 닭고기를 굽거나 튀긴음식 또는 큼직하게 썬 파나 고추를 넣고 볶거나 끓인 음식

に

니기리즈시(握り寿司, にぎりずし) 에도식 쥠초밥

니모노(煮物, にもの) 조림요리

니코고리(煮凝り, にこごり) 생선 등의 껍질을 끓여 조린 국물이 엉겨 굳어진 것

니끼리(煮切り, にきり) 알코올 성분이 있는 술을 끓여서 알코올을 증발시키는 것

니카타(煮方, にかた) 더운 요리를 담당하는 사람

は

하나렌콘(花蓮根, はなれんこん) 연근을 꽃 모양으로 깎아 놓은 것

하나산쇼(花山椒, はなさんしょう) 산초나무의 꽃

하리기리(針切, はりぎり) 바늘처럼 가늘게 썰어 놓은 것

하리노리(針海苔, はりのり) 가늘게 채 썬 김

하리쇼가(針生美, はりしょうが) 가늘게 채 썬 생강

하마구리(蛤, はまぐり) 대합

하마야끼(浜焼き, はまやき) 갓 잡은 도미 등을 염전에 있는 소금가마에 넣어 굽거나 소금구이한 요리

하시(箸, はし) 젓가락

하시오끼(箸置, はしおき) 젓가락 받침

하시야스메(箸休め, はしやすめ) 기분을 전환하거나 입맛을 산뜻하게 하기 위하여 먹는 간단한 요리

한다이(飯台, はんだい) 초밥을 비빌 때 사용하며 한기리라고도 한다.

ひ

히라즈쿠리(平作り, ひらずくり) 평썰기

히레자케(鰭酒, ひれざけ) 지느러미를 말린 후 구워서 청주에 넣어 먹는 술

히레지오(鰭塩, ひれじお) 통 생선을 구울 때 지느러미가 타지 않게 소금을 묻혀 주는 것

히카리모노(光物, ひかりもの) 등푸른 생선

ふ

후(麸, ふ) 조리할 때 사용하는 떡

후구조스이(河豚雑炊, ふぐぞうすい) 복어죽

후구지리(河豚ちり, ふぐちり) 복어맑은탕

후리카케(振掛, ふりかけ) 조미료의 일종으로 여러 가지 분말로 된 혼합 조미료

후끼요세(吹き寄せ, ふきよせ) 여러 가지를 한데 모음

후쿠메니(含め煮, ふくめに) 국물을 많이 넣고 간을 약하게 하여 장시간 조리는 요리

후카가와메시(深川飯, ふかがわめし) 모시조개, 새우 등을 파 · 된장과 함께 푹 삶아 국물째 밥에 부어서 먹는 덮밥

ほ

호네누끼(骨抜, ほねぬき) 생선가시를 뽑을 때 사용하는 조리 도구

호시가키(干しがき, ほしがき) 곶감

호야(保夜, ほや) 멍게

호쵸(包丁, ほうちょう) 조리용 칼

혼부시(本節, ほんぶし) 상등품의 가쓰오부시

혼젠요리(本膳料理, ほんぜんりょうり) 관혼상제 등의 의식요리

보라(鯔, ぼら) 숭어

폰즈(ポン酢, ポンズ) 초간장

ま

마구로아카미(マグロ赤身, まぐろあかみ) 참치 붉은 살

마나이타(爼板, まないた) 나무도마

마다라(真鱈, まだら) 대구

마끼스(巻き簀, まきす) 대나무로 만든 김발

み

미소시루(味噌汁, みそしる) 된장국

미소즈케(味噌漬け, みそづけ) 된장 절임

미즈가이(水貝, みずがい) 신선한 전복을 얇게 썰어 얼음을 넣은 소금물에 담가 조미한 요리

미즈타끼(水炊き, みずたき) 후쿠오카 지방의 닭 전골요리. 닭백숙과 비슷한 요리

미진기리(微塵切り, みじんぎり) 채소를 아주 잘게 써는 것

む

무시(蒸し, むし) 찜

무시가레이(蒸し鰈, むしがれい) 간을 하여 쪄서 말린 가자미

무시가시(蒸し菓子, むしがし) 만두나 찐 양갱 등 쪄서 만든 일본 과자

무시나베(蒸し鍋, むしなべ) 음식을 찌는 데 쓰는 냄비

무시니(蒸し煮, むしに) 약한 불에 장시간 조리는 조림법

무시모노(蒸物, むしもの) 찜요리

무코이타(向板, むこいた) 일본 식당에서 칼판을 보는 사람

め

메우치(目打ち, めうち) 장어를 길이로 가를 때 눈에 박아 고정하는 송곳

멘타이코(明太子, めんたいこ) 명란

も

모리아와세(盛合, もりあわせ) 하나의 접시에 여러 음식을 함께 담는 것

모리츠케(盛付, もりつけ) 그릇에 요리를 보기 좋게 장식하여 담는 것

모미지오로시(紅葉卸, もみじおろし) 빨간 무즙으로 아카오로시라고도 한다.

모치코(餅粉, もちこ) 찹쌀가루

や

야마카케(山掛け, やまかけ) 생선회, 두부, 메밀국수 등에 마즙을 끼얹어 먹는 요리

야미지루(闇汁, やみじる) 각자 가지고 온 재료를 한 냄비에 넣고 끓여 먹으며 즐기는 요리

야꾸미(薬味, やくみ) 음식에 곁들이는 후추, 생강, 파 따위의 향신료

야끼바(焼き場, やきば) 식당에서 구이를 주로 하는 사람

야끼소바(焼き蕎麦, やきそば) 익힌 국수를 채소 · 고기 등을 섞어 기름으로 볶은 요리

야끼자카나(焼き魚, やきざかな) 생선구이

야끼토리(焼き鳥, やきとり) 닭의 고기나 모래주머니 등의 꼬치구이

ゆ

유도오시(湯通し, ゆどおし) 재료를 뜨거운 물에 슬쩍 데침

유도후(湯豆腐, ゆどうふ) 두부를 다시마 등의 국물에 삶은 요리

유무시(ゆむし) 개불

유비키(湯引き, ゆびき) 생선살을 끓는 물로 끼얹거나 튀겨 얼음물에 넣어 식히는 것

유즈(柚 · 柚子, ゆず) 유자, 유자나무

よ

요세나베(寄せ鍋, よせなべ) 모둠냄비

요세모노(寄せ物, よせもの) 다진 생선살과 밀가루 · 달걀 등을 섞어서 맛을 내어 찐 일본요리

요우칸(羊羹, ようかん) 양갱

わ

와규(和牛, わぎゅう) 일본의 재래종 소

와리시타(割り下, わりした) 냄비요리의 국물로 사용하기 위해 다시육수에 간장, 맛술 등을 넣어 미리 끓여둔 국물

와카메(若布, わかめ) 미역

와카사기(若鷺, わかさぎ) 빙어

와타(腸, わた) 동물의 내장, 창자

와타리가니(渡り蟹, わたりかに) 꽃게

완다네(椀種, わんだね) 맑은국의 건더기

참고문헌

- 박병학, 임흥식, 최익석, 일본식문화의 이해, 형설출판사, 2012
- 이은경, 강여훈, 김윤태, 곽희진, 일본어로 배우는 일식조리, 백산출판사, 2007
- 안효주, 이것이 일본요리다, 여백미디어, 2001
- 이은경, 일본음식의 기본, 백산출판사, 2011
- 양승남, 일본요리 입문, (주)서울외국서적, 2005
- 한국외식문화연구회, 만들기 쉬운 일본요리, (주)교문사, 2006
- 박병학, 살림지식총서 429 일본요리의 역사, 살림, 2012
- 中村莘平, 설성수 옮김, 일본요리 용어사전, 다형출판사, 1999
- NCS 학습모듈, 일식기초조리 실무(LMB01010435_21v4)

저자소개

하종률

- 순천향대학교 관광경영학박사
- 순천향대학교 호텔외식경영석사
- 대한민국 산업현장교수
- 강동대학교 호텔조리제빵과 겸임교수
- 대한민국 우수 숙련기술자
- 대한민국 조리기능장
- 천안시(서비스/조리) 1호 명인
- 충청남도(조리) 1호 명장
- 복어요리 전문점 까치복집 대표

김선영

- 세종대학교 일반대학원 조리외식경영학과 식품학 박사
- 한경대학교 산업대학원 영양조리과학과 이학석사
- 쿡요리제과제빵학원 원장
- (주)오하푸드 R&D 연구팀장
- 한경대학교 웰니스산업융합학부 식품영양학 시간강사
- 신안산대학교 호텔조리학과 시간강사
- 대전과학기술대학교 식품조리계열 겸임교수
- 농림축산식품부 장관상 외 다수
- 한식·중식조리산업기사
- 대한민국 조리기능장

이은경

- 한양대학교 대학원 식품영양학 이학박사
- 한양대학교 등 다수 출강
- 現) 한국관광대학교 호텔조리과 교수

최신개정판

NCS 일식·복어 조리기능사 대비

일본요리입문

발 행 일	2018년 8월 27일 초판 발행 2023년 2월 23일 개정판 발행
지 은 이	하종률 · 김선영 · 이은경
발 행 인	김동필
펴 낸 곳	도서출판 **효일**
디 자 인	라온기획
주 소	서울시 중랑구 신내역로3길 40-36
전 화	02) 928-6643
팩 스	02) 927-7703
홈 페 이 지	www.hyoilbooks.com
E m a i l	hyoilbooks@hyoilbooks.com
등 록	2022년 2월 24일 제2022-11
I S B N	978-89-8489-503-4

값 19,000원